UNA BREVE HISTORIA DE CUBA

Alfonso Mártir
Rodríquez Castrillo

Order this book online at www.trafford.com
or email orders@trafford.com

Most Trafford titles are also available at major online book retailers.

Printed in the United States of America.

ISBN: 978-1-4669-8075-4 (sc)
ISBN: 978-1-4669-8076-1 (e)

Trafford rev. 02/21/2013

 www.trafford.com

North America & international
toll-free: 1 888 232 4444 (USA & Canada)
phone: 250 383 6864 ♦ fax: 812 355 4082

TABLA DE CONTENIDOS

DEDICACIÓN

Yo dedico este libro a mi familia amada, a mi gran amigo Santiago Machado, su esposa Helen y familia y a todas mis amistades: a Feliciano Rodríguez, la familia Grant, la familia Cortés, a la familia Acuña, a la familia Vargas, a la familia Feliu y a todos mis paisanos hermanos cubanos. Y en general, a los anglosajones de buana fe y voluntad. También, a quien le pueda interesar, la historia nunca nicha de Fidel Castro y la Cuba Comunista y quién alimentó a la cuadrilla de Castro.

…queridos amigos, buena suerte en la lectura.

AGRADECIMIENTO

Estoy enduedado con la biblioteca Central de Filadelfia, Pennsylvania, la biblioteca Hispánica de Miami, Florida, doy gracias al Noticiero Univisión, ABC and CNN, etc., mis más sinceros cordiales saludo al presidente del Concilio Cubano entre otros en uniforme-, además agradezco a la gente cubano-americano por dichas charlas del libro "Una Breve Historia de Cuba".

Una Visión 'Punto' Geográfica

La Geografía de la República de Cuba

Capital: Ciudad de La Habana
Dinero: Peso
Dinero: 1, 5, 10, 20, y 40 centavos
Billete: 1, 5, 10, 20 y 50 pesos
Idioma: Español

La república de Cuba se encuentra en el mar Caribe. La isla de Cuba tiene una longitud de 1.250 km de la extremidad de Quemado hasta Cabo de San Antonio. Cuba domina los cuatro pasos principales del mar Caribe. El clima es tropical y húmedo. La temperatura media del verano es 27'c y la del invierno 22'c y los meses más frescos son: diciembre, enero y febrero. Los más calurosos (cálidos) son: julio y agosto. La isla de Cuba, está localizada en la trayectoria de los huracanes tropicales, que se extienden desde mayo hasta noviembre.

En 1976. la asamblea eligió al estado de consejos Fidel Castro como presidente de éste y también de ministro. Castro ejercía para muchos los ambos cargos anteriores y por otra parte el Comandante en Jefe del gobierno del Partido Comunista hasta junio del 2006. Cuando él traspasa su poder a su hermano Raúl Castro, su sucesor como Presidente Interino del país, por problema de salud. De lo cual, desde junio del 2007 hasta el presente, Raúl Castro es oficialmente el Presidente del gobierno del Partido Comunista de Cuba.

PREFACIO

Hoy día… más de tres décadas al día puesto que sucedió, y por fin, el enjambre de reporteros y de fotógrafos me dejó. Y el dilema de las voces extrañas de los sonidos y de las caras el empujear se ha disuelto. Ahora mi casa está reservada.

Era como una pesadilla cuando desembarqué en la Bahía de Cayo Hueso de la Florida. Ojos, bocas y lápices escribiendo a mí alrededor. Párate aquí… Sonría… "¡No!" ¿Por qué usted desertó a Castro?… "¡no, no soy un desertor él desertó la causa de la libertad!" ¿Dónde usted nació…? Puedes dar algunos incidentes de su infancia. ¿No se recuerda de nada? No, no recuerdo de nada, ¡sólo lo que he dicho…! Asimismo, los agentes de inmigración, todos me colmaron y me agobiaron de tantas preguntas.

Cuál era el nombre de mi padre, cuál era el nombre de mi madre, cuál era mi trabajo, si yo era casado o soltero, qué edad tenían mis padres y de qué parte de Cuba eran ellos, yo lo pensé muy bien antes de contéstarles todas sus indulgencias, me dije a mí mismo, 'estoy en peligro porque vine a América', es Fidel Castro comunista, es Raúl Castro comunista, era Ernesto (Ché) Guevara comunista, es verdad que ellos estaban construyendo una base para lanzar misiles...

Entonces, al interpretar sus objetivos o averiguaciones sentí una nostalgia y una timidez tremenda que me perturbaba todas sus cuestiones de preguntas y al verme acorralado yo altamente usé la coeficiencia de la inteligencia y con una reflexión rápida como siempre he solido ser en momentos similares a estos y le contesté, con toda mi sinceridad, lo que sí le puedo decir es esto; que mis padres han tenido la misma fe que yo en la revolución, como los demás compatriotas y ha caído esa fe, a mí para disturbar mi lealtad al comunismo.

¿por qué debemos tener tanto odio, cuando hay tanto amor honesto en nuestras dos personas? Y habían las letras que demostraban una compresión de nuestros problemas y deplora no solamente los males que aflije a Cuba pero las fuerzas en su propio país, cual alimentó las raíces de esos males. Habían letras espontáneas que calmaban un poco mi dolor; el dolor que sentía por la confusión y el sufrimiento de mi gente dividida por un avalanche del odio.

En Cuba, mis padres no podían enviarme a mí una carta o recibir una mía, porque ellos estaban con el susto, tal vez algo le podía suceder a ellos. Porque la lata de la presa le podía caer encima. Es posible... No deseo pensar en eso, yo no puedo. No tengo derecho.

****

El 20 de junio, 1986, buscando un remedio para mi dolor y para los míos, envié una carta a Cuba. Era para Fidel Castro, pidiéndo que deje a mi gente de la presión que todos ellos han estado por más de 27 años. Doy las razones por todos los traumas dramáticos que la gente cubano está viviendo, para mi decisión y retirar el pasado que tenía tan cerca unido a mí. Y esto, aunque me veré obligado a relatar muchos incidentes de la naturaleza más o menos personal, es lo que voy hacer en este libro. Que vi y experimenté del régemen de Castro, yo creo, de interés general, porque él sólo se ha ocupado de la historia de Cuba, mi pequeño país sobre lo cual los ojos del mundo lo han oblicuado, preguntádose si ocurre allí la primera explosión "buum" de la Tercera Guerra Mundial.

Ahora, estoy viviendo en Miami, La Florida en los Estados Unidos en lo qué está secediendo y lo qué pudo suceder en Cuba. El público se siente implicado, hace preguntas, ofrece o busca soluciones. Pero la mayoría sabe muy poco sobre nuestros problemas, que consecuencia de las mujeres y los hombres de buena voluntad, sin alterar verdad y convertirlas en un arma de la maldad, del malentendimiento, y de la destrucción como los que llevan a cabo y han hecho el poder en Cuba.

Incluso si fuera publicado este libro después que haya desaparecido el régimen castrista de mi país, la lección que Cuba nos ha enseñado que continuaría teniendo valor actual y futuro. Los incidentes que todavía están ocurriendo han latido como cuando hacen vibrar un tambor, pero un tambor convida, que siente los golpes, sólo de pensar en todo estos dramáticos incidentes sufridos nos da como vérticos en nuestas mente, sentir como marcas quiméricas y secuelas plasmadas en nuestros corazones.

Pero, -y con una urgencia como su agente trágica ambos historia que vive. Hay además, en este drama, un protagonista vital, la gente cubano, que en gran parte somos responsables de citaciones a las circunstancias que le produjeron al líder comunista.

Aquí voy a relacionar el acontecimiento que viví a través de la conexión con este cáracter central.

Me propongo expresarme tan objetivamente como puedo, pero para comunicarme con un anglosajón debo pedir su indulgencia al entender un temperamento, y una experiencia, amigos cubanos, americanos o cualesquier ciudadano de cualquiera nación, le pido a que hagan igual. No entender la pobreza más grande que pueda afligirnos. Y es nuestro peligro más grande.

A este antipático líder también se le puede aliar como un antagonista a la libertad de derechos humanos y a lo prudente divino.

He escrito este libro por varías razones: para hablarles sobre la verdadera historia nunca revelada de la Cuba Comunista, la historia del último comunista, la forma de vida de diversas luchas y las ostentanciones obstinadas batallas por la supervivencia, además, el papel que ha subyugado Cuba en diferentes épocas de siglos, como viven los cubanos en su nación, mencionando los factores principales para la sobrevivencia humana, por ejemplo: falta de luz divina, sed de justicia y padecimiento del buen vivir.

Finalmente aprenderan como los Castros y su milicia fueron alimentados, para poder triunfar su guerra contra el ex gobernante Fulgencio Batista.

INTRODUCCIÓN

LA REVOLUCIÓN DE LA REPÚBLICA DE CUBA

Una Breve Historia de Cuba es un libro que contiene la información sobre los varios aspectos de la Cuba Comunista. Cuba es un país extraordinario y enigmático, es muy distinto del resto del (Caribe) mundo: tierra de revolución, violencia y dificultades, pero también de belleza y coexistencia entre lo antiguo y lo nuevo.

Este libro que he diseñado para todos los cubanos, los anglosajones y para todos en general; lo sumerge, en las luchas que los Castros han hecho con su propia gente y con otros países del mundo.

Esta nunca revelada historia sobre cómo Cuba ha perdurado siendo un país Marxista-Leninista por más de cinco décadas, y todos a la vez, aprenderán cuándo comenzó la lucha y además cómo ha afectado a todos sus ciudadanos.

La historia de Cuba, es una derivación que contiene el pacto de Fidel Alejando Castro Ruz unidos a su hermano Raúl y sus fieles seguidores. No obstante, él ofrece sus ideales de ser un completo fidelista para el gobierno cubano, pero se tornó sinceramente un tiránico flageándose a una dictadura que forjó después de su triunfo, notado el lro de enero de 1959.

Mi tema principal es que gradualmente le doy demostraciones y citaciones (actos), y a la vez las traspaso cómo Cuba ha tenido que pertenecer justo a Castro sí mismo, no al pueble cubano. También, brevemente expreso y al mismo tiempo explico cuán Castro ha engañado ágilmente a todos bajo máscara, su poder ardiente diplomático político y con polémicas comunistas tan equivocadas y ciertamente todo esto sin ningún pesar, que está actualmente afectando la nación entera. Hoy día formalmente se puede agregar que todavía continúa siendo un factor vital allá en la Perla del Caribe.

En esta historia nunca dicha, yo presento a Fidel Castro como el único persanaje protagonista principal; sí mismo cáracter número uno, del puro comunismo, no los habitantes de la isla.

El público del ministro de Castro comienza con acosamiento hacia la gente, al incrustar el comunismo quieran o no, con ímpetus y una fuerza brutal total a la humanidad cubana y a otros países alrededor del mundo.

Acto seguido, ustedes notarán los éxitos de esta trayectoria histórica socialista que terminan en los capítulos finales, de la revolución de Cuba. Y cómo el gobierno de Fulgencio Batista fue derrocado por las fuerzas rebeldes el 31 de diciembre de 1958. Conducido por Fidel Castro sí mismo, su hermano Raúl Castro, Ernesto (Ché) Guevara, Camilo Cienfuegos entre otros militantess seguidores de él.

La revolución comenzó el 26 de julio de 1953, cuando Castro y sus leales compatriotas asaltan al Cuartel Moncada, con un diagrama fracasado para el cual Castro fue condenado a 15 años de prisión. Él y 30 de sus seguidores, para ese entonces, lanzaron una amnestía general para los presos políticos el 15 de mayo de 1955. Castro salió del país a México dónde él permaneció hasta finales de 1956 en qué. Con una fuerza de 81 hombre, invadió la isla. Ocultándose en las montañas de la provincia de Oriente (Granma), los rebeldes condujeron incursiones en Cuba del este. La impulsión rebelde alcanzó su climax con la toma de Santiago de Cuba, la segunda ciudad más grande de la nación. Castro entró a la Habana el 8 de enero de 1959 y estableció un gobierno con Manuel Hurritia Llero como presidente, sí mismo Primer Ministro. Más adelante en el año él denució a Hurritia, que dimitió y fue substituido por Osvaldo Dorticós Torrados.

EL MAPA

DE LA
REPÚBLICA DE CUBA

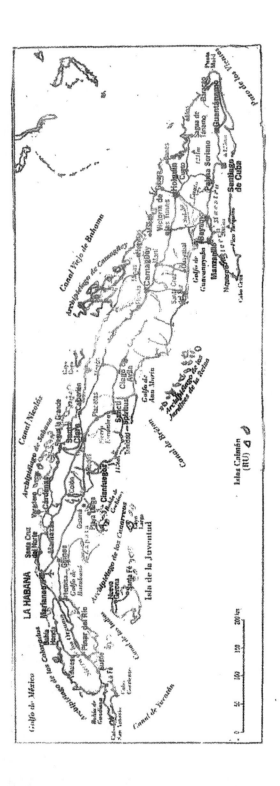

CAPÍTULO UNO

CUÁNDO VIVÍA EN CUBA

Yo recuerdo vivir en el estado de la granja de mi padre como muchacho y oyendo las canciones de los campesinos, los granjeros arrendatarios, que cantaban sus canciones semi-improvisadas del origen español y arable como si estuvieran al acecho darse la compañía y perseguir lejos las sombras donde él creyó que los fantasmas estaban al acecho. Su décima, llenó los caminos y las aceras de las montañas y de los llanos de su conmovedor, lamentoso e íntimos se lamenta. Y cuando yo vivía en la privincia de Oriente en esos inmensos bosques de las montañas, uno oía en la noche el tecleo "bip" que venían de las Chozas de los negros de quienes habían sido traído desde toda la India del oeste durante los años de la posguerra "¡buum!" del primer mundo. Para plantar y cortar la preciosa caña de azúcar.

Y también recuerdo, en Oriente, los grandes bosques impenetrable que fueron fijado las selvas en llamas, enteras fueron encendidas y arrasada a la tierra para hacer la manera para sembrar la caña de azúcar. Mis padres estaban muy preocupados por mí, por la pérdida

1

de la riqueza que yo crecí. La hermosa fragancia de la madera tropical. Y granada-floreciendo en sacrificio al frenesí para cubrir el campo con la lata del azúcar. En la noche la vista de ese horizonte llameante me afectó con una ansiedad extraña, temerosa y el aroma de la madera ardiente que flotaba se sentía muy cerca como el incienso uno huele dentro de iglesia.

La casa (Chalet) que viví hasta los siete años, fue echa enteramente de madera de pino y de caoba y, levantada seis pies de altura cima de la tierra, estilo Chalet francés, pero con unos postes muy bien forjados que los ciclones nunca pudieron llevarse a paso, dañarlo ni rasarlo cuando azotaban en tiempos de ciclones tropicales que se extienden desde mayo hasta noviembre y el chalet olía como un gran pecho perfumado.

La caña de azúcar creció alta en nuestro suelo favorecido y fue plantada más y aún más, porque era una época de la prosperidad falsa y el azúcar trajo un precio alto muy elevado. El precio alcanzó un colmo de veintidós y medio centavos por libra sin refinar en los años 20. Entonces bajó, en apenas algunos meses, a tres y un centavo de las tres-quincenas y nuestra economía se estrelló. Los bancos cerrados, hipotecas fueron excluidas, las tierras crecieron baratas. Y la gente de otros países compró aún más la tierra.

Azúcar. Es como parte de nuestra historia como la tierra cubana que crece con tal facilidad incomparable. El azúcar visto para existir en el mundo, e incluso los pimientos rojos mejicanos que queman la boca, transplantados al suelo de Cuba, pierden su calidad y producciones distintiva una fruta que sea dulce al paladar. El aire que se mueve sobre el campo desde el mar al mar en confortar, brisa constante es acogedor por el aroma que cubre los campos que yo crecí a través como muchado.

La fertilidad rica de la zona tropical abunda en el campo Esmeralda, descrito por Colón como "la más contemplada encantadora tierra nunca vista por los ojos humanos". Cuándo él descubrió a Cuba el 28 de octubre de 1492. Él dijo, "yo quisiera vivir aquí por siempre". Cristobal Colón desembarca en la bahía de Bariay, al norte en la provincia de Oriente, hasta el día 5 de diciembre del mismo año reconoció la costa desde Puerto Padre hasta Maisí.

La naturaleza fue muy generosa con nuestra isla, darnos las montañas que, aunque no muy altas, elevada a ocho mil pies en la provincia de Oriente y Las Villas, y los ríos que fluyen a través de cada provincia y el agua cobalto-azul del Caribe al sur. Ella dio como pájaros coloreados alegremente y los peces tropicales de cada natación de color entre los islotes innumerables, y las masopas cabriolando tan amistasas al hombre, y a las tortugas y a coral y a esponjas a los crustáceos abundantes. Ella pusó manganeso, níquel, hierro, cobre, cromo, e incluso petróleo en nuestra porción de tierra, y favorecer los productos de su suelo-café, tabaco, azúcar de caña, fruta tropical-con alta calida y elevada de crecimiento. Hace siglo que nuestra isla era ya conocida como "La Perla de las Antillas".

La natualeza nos dio muchas cosas, no sólo caña de azúcar, y no es su avería que nos robaron y fuimos pillados, y forzados desesperadamente estacar nuestra vida national en la misericordia y flactuando precios de una sola cosecha.

Los indígenas quienes eran habitantes tempranos del paraíso terrenoso ellos fueron llamados Cubanacán y eran pacíficos. Había poco para aterrorizarlos antes de que vinieron los españoles. A excepción del Tiburón, no habían animales feroces o venenosos en su isla. El alimento y el agua eran abundantes. Hoy los indios se han desaparecidos, los bosques todos estás desaparecidos; los ciervos salvajes que funcionaron en esos bosques todos están casi desaparecidos; los pocos que quedan están en las sierras, como los rebeldes. El Tiburón sigue allí, pero están también el resto de los regalos de la naturaleza: el colibrí, el loro, el sinsonte, el pitirré, el tocororo símbolo nacional entre otros pájaros silvestres, la brisa de costa-a-costa, la temperatura suave todo el año, las playas encantadoras, los peces en el mar. Podría todavía ser el paraíso de la isla que estaba para los indios y para los tempranos colonialistas; y eso se parecía ser, en años recientes, dar muchos placeres-dobló a visitantes a nuestras orillas, que no consideraron tales cosas incómodas son pobreza, analfabetismo, desempleo, corrupción, represión de la libertad, y control extranjero. La palma real ojas de un verde brillante, estando parada en los llanos para los racimos que murmuran cuando la brisa suave flota parece ser como si aplaudieran a la naturaleza por ver sido tan generosa con nuestro suelo y a la vez sacudiéndolos, dándole al campesino su casa, sus azoteas, protección contra los relámpagos, y alimentos para él y sus animales. Y hay una cosa más que la isla nunca ha perdido, el espíritu de libertad.

A pesar de su carencia de la agresividad y su tradición de la vida y de la paz suave. Nuestros indígenas, en la isla de Cuba hubieron tres tipos de indios Nativos y sus tribus estaban localizadas en diferentes partes del país. Estos indios fueron llamados: el Soboney, el Taino y el Guanajatabellé.

De este modo, los Siboneyes estaban localizados en la parte Oriental, los Tainos en la parte Central y los Guanajatabellés en a la parte Occidental. Estas tres clases de indios nativos se distinguían por sus diferentes características físicas que ellos poseían. Los 'récords' expedientes indican que estos indios fueron los primeros habitantes notado en la isla, en la historias de Cuba. Y sus casas fueron llamadas: Bohíos, Chozas, Barbacoas, Alberges y Bajareques, todas sus casas inclinadas hacia arriba. Tales aldeas estaban hechas de las hojas y la corteza de la palma. Así en tiempo de la colonización todos ellos lucharon a españoles que deseaban esclavizarlos. El suicidio confiado las aldeas enteras a evitar de ser conguistados; los que eran capturados murieron por millares, incapaz de aguantar la esclavitud. Exterminaron a los indios, pero su instinto para la libertad todavía está con nosotros, como si fuera la única cosa, esa gente orgullosa que nos dejo a nosotros para recordarle muy unidos. Por cuatro siglo los herederos de ese espíritu lucharon la tiranía colonial. Entonces lucharon a esos de sus compatriotas quienes desearon a deplicar esa tiranía. Y todavía están luchando. Ha habido las épocas en que la lucha aparecía haber sido ganada, hasta que la victoria ha dado vuelta en un espejismo como un nuevo déspota substituido en viejo. Los cubanos nunca han estado libres, y ésta es en parte su avería, y en parte, como espero hacer largamente a los lectores de este libro, no lo es.

Aunque el cubano también ha heredado el amor del indio vivo suave y de paz, él ha crecido acostumbrado a los brazos que te aman y a luchar su libertad. Después de tan largo, se ha convertido en un reflejo automático. Despatismo invade y roba la paz del ciudadano privado de una manera que los americanos nunca han sabido, o se ha olvidado.

Dejado a sí mismo. Al contrario, Cuba se había podido describir una vez absolutamente, como gente de la isla con la buena charla la cual como cantar y bailar y la cual tenía un alto precio del buen humor, las bromas, y la expresión "nada a sucedido", que terminó siempre siendo luchas y riñas incipientes. Ésta era la vieja Cuba así que muchos turistas sabían quién fue allí a beber Bacardí y a aprender la rumba y a estirarse en las playas hermosas sobre esa blanca arena; como la perla. Cualquiera dificultad que se presentaba, de cualquier naturaleza, condujo derecho a otra de nuestra expresión clásica optimista. "No hay ningún problema".

La tarifa del crimen era tan bajo que usted no podía llenar una sola página de un periódico de los crímenes que cubrían un periódo de seis meses. Los incidentes de sangre estaban casi siempre del tipo llamado los "crímenes de la pasión" y en culquier caso eran como raro y se pasaban hablando por meses: era igual con robo. La gente cubano es tan honesta como cualquiera en el mundo. Esta honradez dominante del cubano suelta de su sentido de dignidad, y de un orgullo del cojinete que es una de sus calidades fundamentales. Él siente eso para confiar un robo es una confesión de la derrota o de la inhabilidad. Porque él es temperamentalmente optimístico y él ayuda al granjero, y su alto estándar del trabajo eliminan el último. Su coeficiente de la inteligencia es alta, su reflexión física rápida. Extranjero han descubierto que nuestros doctores son generalmente primeros auxilios, como nuestros trabajadores. El cuidado, la precisión, y la habilidad, sea en la construcción de casas, la fabricación de ropas y de calzados, o trabajos mecánicos, son un punto del orgullo nacional. No toleramos el mal trabajo, negligencia, descuido, suciedad. En cuanto la limpieza personal, es una costumbre nacional bañarse una vez al día por lo menos, en proporciones a su población, utiliza más javón, polvo en talco y perfume.

Somos, en hecho, perfeccionistas, individualistas, conservistas, y puede ser esta calidad que se junta con nosotros contra la suciedad y los pobres trabajos, pero también contra la injusticia, carácter arbitrario, inestabilidad.

Pero, aspecto de la honradez del cubano, escrupulosidad y amor de la libertad, nuestra historia es una sucesión de déspota y del gobierno deshonesto; debido a esas calidades, es también una historia de luchas políticas feroces al transformar a ellos a instalar, de una vez por todas, un gobierno verdaderamente honesto, democrático. Nuestra bandera tiene una estrella blanca de la libertad en un triángulo rojo de la sangre derramada, y cinco franjas horizontales, tres de ellas azules cobalto para el mar y el cielo, y dos de ellas blancas, para la pureza de ideales. Los ideales cuentan para mucho en nuestro país. Era para sus Criollos, batalló para las reformas, entonces para la independencia - esta vez económica. Era para los ideales que una revolución fue luchada y ganada contra Fulgencio Batista en una época de prosperidad - luchado no por el más hambriento y el más necesitado tanto como por las clases medias y profesionales, las metas eran la libertad así de ser acariciado por americanos.

La revolución pasada era otra que se parecía finalmente tener esos alcanzados espejismos. Fidel Castro tenía una oportunidad inaudita de fijar a Cuba en un camino constructivo, democrático su popularidad personal lo miraban a él para darle la paz, honesto gobierno, justicia, libertad, sí mismo confianza... las mismas cosas que su movimiento revolucionario que había prometido.

Un cuarto de nuestro trabajo del hallazgo de la mano de obra durante la estación de cosecha y que muele la caña de azúcar, que dura tres meses, y es sin trabajo para el resto del año "la estación muerta". Que los Estados Unidos entraron a través en los años peores de su depresión económica, con un colmo de 25 por ciento de desempleo, es una repetición anual en Cuba para nueve de los doce meses.

Había eso que hacer, y más. Estaban nuestras bahías finas y piezas excelente de las cuales nunca han podido dar buen uso. Primero los españoles nos tenían negado libertad de comercio; los americanos habían infligido en nosotros sus altas tarifas, a nuestra desesperación-pero a su aumento. Y no teníamos ninguna flota mercantil en cuanto pesquera, consistió en algunos viejos lanzamientos remendados-arrastró el primer vivo trasero en las jaulas aparejada al costado. Y la corrupción política, diversificación de cosechas, ajustes económicos con los Estados Unidos, y alcanzar gradualmente la independencia económica de cada uno, incluyendo los Estados Unidos.

Qué el régimen de Castro ha dado a Cuba, en lugar, es el odio, miedo, suspicacia, mayor inestabilidad económica, un estado de la política, y pronuncia dependencia económica sobre Rusia y el bloque soviético, y silencio crítico.

De ellos todos es el silencio que es el más alarmante.

El cubano ha tomado siempre el refugio de la realidad amarga en la broma. En el comienzo de la tiranía, las bromas "contrarrevolucionarias" supuestas conmovedora la isla como una conspiración festiva enorme de ironías. Cada día entraron en la circulación e hicieron lo rotundo a pesar del terror reinante. Es qué jocosamente fue referida como significado "Radio Bemba" - "bemba" en el vernáculo popular. "Bemba de radio" era una quinta columna que no hay gobierno siempre machacar y que refleja el humor y las opiniones de la gente en su totalidad.

Uno de los actos que disturbaban de la revolución debía fijar alertar para cambiar la idiosincrasia national; deseaba al abrigar reír, cubanos humorísticos a "serios", gente dramática. Nuestros periódicos chistosos, que habían sido único en el mundo, basaron en caricaturando y comerciando de la política y de los políticos y decir más cualquier número de editorales largos, juiciosos, perdieron todo su humor y propósitos con el advenimiento de Fidel Castro de accionar. Enfureció al líder más alto para ser caricaturado; él y "su" revolución deben ser tomados seriamente, por lo cual él significó que toda Cuba-a la severidad trágica tan visible en el sistema bostinado de su cara. Por primera vez adentro la historia o los semanarios chistosos de Cuba, con su larga tradición criolla, comenzó a ser excluida con los artículos del manisfestar y de la propaganda. Era sacrilegioso ahora expresar el humor national. El jefe del gobierno estaba fuera de los límites y de la clase de broma-o fuera de amor, pero fuera de miedo. Entonces un gran silencio national descendió, sellando cada enchufle público. Cuando yo vivía en Cuba hasta junio de 1980, nadie podía hablar una palabra sin vigilar, uniforme en privado: nadie podía comentar, o bromeaba por el miedo de ser informado y encendido por los amigos, vecinos, parientes e igual por los miembros de su familia inmediata.

Alarmando, vi qué sucedía, qué el gobierno hacía a la gente. Vi como había comenzado ya a agarrar a cualquier persona que expresó una opinión contraria. Pero no era solamente el miedo que hizo a la gente silenciosa. No, habían también un sentido de ser "contra revolucionario", para la Cuba de Castro ésta es la etiqueta dada a lo que pudo implicar que aire del juicio independiente, o crítica de un cierto error. Fue entonces que comencé seriamente a examinar hasta el momento perdido. Ahora les era dado en un disco de plata por un hombre con una mente desordenada, un hombre afortunada en guerra pero inepto en la paz, un obsulutista obsecionado con energía y gloria personal.

Pero el comunismo, con su disciplina y regimentación hechos complir, su colectivismo, sus dedicaciones del materialismo, y su obediencia silenciosa "el líder", nunca pueden captar a la gente de la represión de Cuba a pesar de que, el cubano está a mucho de un individualista. La inestabilidad política y económica lo ha implicado vivo, del funcionamiento. En los parques, en los autobúses, en la radio, en periódico-siempre cuando él es antipático a la obediencia silenciosa. Él es el incrustramiento de ese sentido de su alegría de vivir. Con razón y la convicción él aceptará el cambio qué juzga constructivo, o él acepta la voluntad que tienen a través y buena fe-pero nunca por la imposición. Nadie nunca tiene poder para moldear los pensamientos del cubano con presión externa.

Si en el momento que él esté viviendo bajo régimen totalitario, él es sí mismo el mejor, el único antídoto a la desorientación que tiene de manejar, sobreponerse en el país, pero que no puede penetrar, no puede cambiar a su gente.

A condición de que ha gozado de democracia en una cierta hora, una gente que ha venido vivir bajo régimen comunista, ser el mejor "anticuerpo" en el continente americano hacia la reputación del comunismo como forma de gobierno.

La calamidad que ha acontecido mi país no es irremediable. Ocurrió porque democracia en Cuba no fue capaz de funcionar correctamente en el propio momento. No fue permitida hacerla.

En este libro deseo explorar la parte que los Estados Unidos de Norteamérica y, inexorable, a la actual situación infeliz.

CAPÍTULO DOS

LA LUCHA REVOLUCIONARÍA POLÍTICA Y TRANSFORMACIÓN ECONÓMICA

Quién tiene dos "objetivos" independencia política y transformación económica. Entre los últimos requisitos primarios está la diversificación de cosechas.

Debido a no revelar la calidad y la producción de nuestra azúcar, la facilidad fantástica con la cual crece en nuestro suelo, y debido a la imposición política extranjera, nos ha forzado a una-cosecha cultivación, dando vuelta a una bendición natural en una maldición económica. ¿Cómo nuestra estructura económica consiguió ser tan más pesada? La respuesta cae en los dos "isms" de los pasado cinco siglo-colonialismo e imperialismo.

Por cuatro siglos éramos una colonia española. Primero España estuvo interesado principalmente en oro y plata, y porque no teníamos nada fuimos dejado muy solo, con cierto grado de autonomía que ayudó probablemente en la formación de un espíritu independiente. Pero nuestro suelo era fértil, y los esclavos fueron traídos de África para su cultivación. Dejado a nosotros mismos por doscientos años, desarrollamos una economía rural equilibrada basada ganada, madera, azúcar, tabaco, la cría de cera de miel, frutas y animales vivos. Estratégico siendo situado en entrada al golfo de México, estábamos en la ruta de todo el comercio con la India del este. Tesoro-cargado galones hicieron que La Habana fuera su principal puerto en su manera y de España. La localización de Cuba atrajo el interés de otras naciones europeas, particularmente Inglaterra.

Realizando qué un potencial para la abundancia de la agricultura allí que estaba en Cuba, España comenzó a estrangular en la isla.

Su monopolio del tabaco pronto limitó el crecimiento de esa industria a través de un sistema-del contingente primero de una sucesión de los sistemas de cuotas que eran causarnos tantos dolores de cabeza. El gobierno almacenó encima de tabaco hasta que el contigente deseado fue obtenido, y prohibió a cultivadores de vender el resto a cualquier otra persona, incluso quemándolo en caso de necesidad. Los cosechantes prosperaron a los cultivadores, para ser pagados en mercancías-otro mal que fue heredado más adelante por los granjeros cuando Cuba se convirtió en una república. Si el avance pagado fuera durante el año excedió girar hacia el lado a favor del continente que era finalmente traído de ellos, los cultivadores cayeron en deudas. Las deudas acumularon a partir de año a año, y la pobreza de los cultivadores aumentó. Esto condujo a la primera rebelión, la sublevación de los Vegueros (cultivadores de tabaco) en 1717, contra impuestos y para la libertad a la producción y el comercio. La rebelión trajo las promesas, que no fueron guardadas, y la primera siguió. Las escaramuzas feroces sobre vinieron entre los cultivadores y las "tapa juntas", los rompehuelgas, enviados en los campos. Entonces vino la represión sangrienta.

El patrón fue fijado. En siglos que tenían éxito podía cambiar en alcance e intensidad, pero no esencialmente. Al principio la demanda estaba para la libertad, del comercio, entonces para la autonomía y finalmente para la independencia. El tema de la estrangulación económica de la libertad seguía siendo igual. Funcionó el canal "la guerra grande" de 1879, que duró un año y falló, a la guerra de la independencia en 1895, que duró tres años y triunfó.

España perdió todo porque, siendo absolutista, ella deseó todo. La misma cosa sucedió con Inglaterra y aquí las colonias americanas. Lo colonial de Inglaterra, con su tradición más autónoma como ingleses, y con su confianzas protestante, podían ser la primera para alcanzar independencia. Así lo está haciendo, evitaron de entrar en contacto con muchas de las maldades y de las corrupciones públicas que dañan inevitable países coloniales. Y adquirieron, a la misma hora, vigor y fuerza, no obstante carecieron la madurez para emplear esas calidades juiciosas, fuerza tiene para ampliarse, y esto que compensaron muy rápidamente a hacerlo. Con los países, como con los hombres, juventud carece siempre retener la necesidad de reflexión responsable su exceso de poder. Como hermano a nosotros cuando tomábamos nuestros baboleo caminar como una nueva república se convirtió en lugar de otro en espadachín con un "palillo grande" y substituyó España como nuestro principal rival. Usted verá más adelante porqué digo esto.

Los coloniales ingleses, llevados en suelo americano, fueron llamados Yankees, los coloniales españoles que fueron llevados a Cuba (o dondequiera en el mundo nuevo), fueron llamado Criollos. Los criollos por otra parte, hicieron la fundación de una nueva nacionalidad cubano. Hacia el final del décimo octavo siglo había en gran avance hecho en la isla. La ilustración francés lanzó aunque Europa y los gobernantes progresivos, reflejados la influencia liberal en la metrópolis, llegaron de España y arrojados proyectos o la mayoría del público. Más escuelas fueron construida (La Habana ha tenido una Universidad desde 1728), los periódicos fueron fundados, imprimiendo y publicando establecimiento que estaban ya instalado, los libros fueron distribuidos más extensamente. Un censo de las poblaciones fue tomado; formaron a las sociedades culturales y económicas. Y, fuera de esto, un grupo brillante de gente progresiva y cultivada emergió, una generación de los criollos educados en Europa, o de la manera europea.

E influencia por el clima intelectual liberal creado por las revoluciones democráticas en el mundo chispeó por enciclopedistas franceses.

Los criollos llevaron el fermento de la lucha para la libertad, y de sus filas vino el ímpetus para las insurrecciones y los movimientos para la independencia. Rico, educado, esta nueva nacionalidad produjo muchas personalidades excepcionales en el primer tercio del diecinueve siglo. Los criollos estudiaron los problemas de este país a fondo, y el mundo; inició los movimientos progresivos, de combate para las reformas y para la libertad del comercio; dirigieron la resistencia de los monopolistas, y, eventual, fortunas enteras contribuidas a las guerras de la libertad. Muchos, terratenientes criollos ricos y voluntariosamente, empobrecidos ellos mismos para las causas de la libertad-libertad para los cultivadores menos afortunados y los esclavos negros así como sí mismo-en cortocircuitos, para sus ideales.

Desde la parte temprana del diecinueveavo siglo las líneas de la diversión comensaban a ser dibujadas. Los criollos se extendieron a lo largo de la escala política dependiendo de cómo creyeron lejos liberalismo debe ir. Algunos desearon la autonomía, y guardar sus esclavos. Otros desearon la separación de España y está donde la anexión a otra, más grande, esclavo-sostenidos el país, haber unido Estados-y ésta los Estados Unidos, tan lejana parte posterior como la Administración de Jefferson, primeros vinieron en él cuando cubano. Otro seguía siendo para la dependencia total, y para la abolición de la esclavitud también. Encarcelaron o fueron ejecutado algo de este último grupo de terratenientes y de intelectuales para ayudar a una rebelión que sangrentadamente fue suprema. Desesperadamente opuesto a la liberación de cualquier clase era España y los peninsulares. España estaba en el proceso de perder la parte meridional extensa del continente americano a los ejércitos insurgentes de Simón Bolivar, y fue determinada de sostener "la Perla de las Antillas", y a cualquier precio.

La opresión Española llega a ser cada vez más despiadada, y en 1868 nuestra primera guerra para la independencia explotó. Fue llamada "la guerra grande" o de "la guerra de los diez años". Comenzó con sublevación en la plantación del azúcar conducida por su dueño, un abogado de la fanidad distinguida educación Carlos Manuel de Céspedes. Como los terratenientes ricos de la provincia de Camagüey y de Oriente que inmediatamente ensamblaron fuerzas con él. Los rebeldes tomaron una ciudad importante, Bayamo, cerca de la Sierra Maestra, y así que comenzaron una epopeya heroica que era producir muchas batallas y hechos de la gloria, y la figura más romántica de nuestra guerra de la libertad, incluyendo su vida. Su valor y noblesa era tan legendario que cuando los españoles lo mataron en batalla estaban asustados de darle un supulcro, y lo quemaron.

La guerra de los diez años acabó en 1878 cuando los agotados, empobrecidos y las fuerzas cubanas diezmadas finalmente tuvieron que aceptar una tregua.

En 1879 que luchaba explotó otra vez que fue llamada "la pegueña guerra", que duró un año. El líder rebelde era Calixto García, un hombre conocido en los Estados Unidos como el recipiente del "mensaje a García".

Después de eso, Cuba vivió con un periódo agitado de conspirancias y de rebeliones abortivas, del desaliento y de la diversión traídos encendidos por las derrotas secesivas. E.E.U.U. , el gobierno no miraba favoreciendo sobre los diseños de los emigrantes cubanos en los Estados Unidos para enviar expediciones y los brazos para la continuación de la lucha. La razón de la actitud del gobierno era que las luchas estaban para la independencia total, y no para la anexión a los Estados Unidos, era el gobierno de los ESTADOS UNIDOS desde la época de Jefferson maniobrando, alguna vez desalentado, alguna vez abiertamente, para la anexión del sur, en detalle, consideró una oportunidad de evitarse otra fuerza de esclavo.

Es gracias a José Martí, que hizo que la escena del mundo en esa desalentada de nuestra historia de Cuba, que podíamos luchar y ganar los tres-años de lucha que nos ha traído nuestra independencia. Él la llamó "la guerra necesaria". A pesar del hecho de que el gobierno de Estados Unidos hizo que su flota patrullara las aguas para evitar que los envíos alcancen a Cuba, incluso yendo en cuanto a agarrar nuestras naves y cantidades enormes los revolucionarios producidos por las derrotas anteriores, este hombre de la fe singular y la energía personal, el hombre más grande que nuestro país ha producido, manejado unir toda Cuba. Él reconcilió nuestra palabra de la independencia.

José Martí era un gran poeta, abogado y hombre de letras. Él era un orador impresionante, y un analista político excepcional. Por otra parte él fijo un ejemplo del humanismo, de la amabilidad, y del sacrifio personal que inspiró a otros que dieran lo major de sí mismo. Su erudicción abrazó todas las armas del conocimiento humano. Porque su mente podía escribir todo tipo de temas-y siempre con la previsión clara con respecto al futuro de Cuba y del continente americano . Acontecimiento en España lo admiraron y lo respetaron por todos los que él conoció.

Él vivió en los Estados Unidos para esas épocas, y conoció y amó el país por sus muchas virtudes; y él admiró a sus hombres. Y de todo eso él escribió. Pues un observador en-el-punto él repasó ese período interesante en la historia americana, y en su preocupación por la gente americana y por su propia gente él previó, otra vez, el futuro de nuestras relaciones. Martí fue el mentor de la nación de Cuba, su expresión más alta, su mejor guía, por su inolvidable fuerza fue llamado "el Apostol" porque su vida era un ejemplo de la nobleza apostólica y de la capacidad de amar, de entender y de la estructura. Toda la cultura hispánica reconoció en él su americano más ilustre. La importancia de este tributo se entiende lo mejor posible cuando uno realiza la rama criolla de la cultura Española han producido a cuántos grandes hombres. José Martí (1853-1895).

Cuando Fidel Castro triunfó, los que no le conocían bien creyeron que él podría ser otro José Martí. A mí éste se paracía un irreverente que hizo que se ruboriza para la vergüenza. Con los pensamientos escritos de Martí hemos luchado tiranía cuando otras armas no estaban disponibles. Hoy un ejército de esos pensamientos que los soportes opuestos a Fidel Castro tenía a disposición con su propia gente. Martí escribió: "la libertad es como los genios, una fuerza que brote del desconocido; pero los genios como libertad se pierden sin la dirección del buen juicio, sin las lecciones de experiencias y sin el ejercicio pacífico del criterio".

La guerra de la independencia comenzó en 1895. Tres mese después que Martí fue muerto luchando en nuestro suelo, cuando lo atacaron en una emboscada entre dos ríos cuando él iba en su caballo, acompañado por Panchito Gómez Toro quien era su ayudante y cuando José Martí cayó muerto de su caballo en suelo cubano, él murió de cara al sol.

La guerra duró tres años y produjo el banquete increíble que sobrepasaba incluso los de la guerra de los diez años. La única hazaña más grande fue el barrido a través de la longitud de la isla que fue llamada la invasión. Comenzaron en la provincia de Oriente, en el extremo del este, y la mundanza hacia el oeste, los insurrectos lucharon su manera por guerra pulgada a pulgada en total combate hasta que habían llevado la guerra al extremo de la provincia occidental de Pinar del Río. Tomó un año para hacer, y cuentas entre los banquetes militares más extraordinarios de toda la hora. En su cabeza estaba general Antonio Maceo, el "Titán". negro bien parecido de gran inteligencia y un veterano de la guerra de los diez años. Estaba España para la independencia total, y no para la anexión a los Estados Unidos, donde con E.E.U.U. el gobierno desde la época de Jefferson, había estado maniobrando, a veces desalentado, España envía a sus mejores generales y a doscientos mil soldados a la mitad de la impulsión. General Matinez Campos, estrategista militar y gobernador de Cuba, intentando para contenerlo colocado a sus tropas en la parte más noreste de la isla, pero no podía parar al Titán. Lo derrotaron en batalla que él tenía una superioridad abrumadora en hombres y armas. Se regresa atrás desde Pinal del Río para atacar La Habana, Antonio Maceo fue muerto dieciocho millas fuera de la ciudad. Fue un soplo duro para el cubano, fuerzas, pero apenas pues la muerte de Martí no había podido dustruir el trabajo que él mismo tenía comenzado, así que la muerte del general Maceo se convirtió en solamente otra inspiración para los rebeldes. Era demasiado tarde para impedir a cualquier persona la impulsión cubano para la libertad.

El gobernante Matinez Campos decidió salir de la isla, y dijo "tomo conmigo la bandera española". En una tentativa pérdida-zanja, España envió al general Valerio Weygler como gobernador. Weygler, un hombre endurecido por tener cuidado con Àfrica pedida fue la llamada la "Reconcentración". La población rural entera de Cuba fue evacuada las ciudades y condados para evitar que los insurrectos reciban el alimento y ayuda a forzar la población en un humor de la entrega. El abandono del campo hizo la devastación de la isla casi completo. El ejército español cortó nuestra población rural entera en un éxodo bíblico de hombres, de mujeres, de niños y de la vieja gente, que acampaba en las calles, sólo a morir de hambre y de las epidemias. Los habitantes de las ciudades ya empobrecidas, podían apenas ayudar a esa masa muerta de hambre de la humanidad que moría en las calles.

Un millón de personas murieron como resultado de la Reconcentración. Las cuentas del periódico de ese episodio dieron una sacudida eléctrica al mundo. El consejero de los E.E.U.U. Fitzhugh Lee, también protestó, denunció los horrores del gobierno de Weygler. Pero, aunque toda Cuba murió de hambre, la gente no se entregó. La reina pidió que el Papa arbitrara el conflicto. El Papa rechazó. Como recursos perdidos la corona ofreció la autonomía. Era muy tarde para eso, la autonomía fue encabezada por los rebeldes, y en el mismo tiempo opuso la intención de Estados Unidos al intervenir en una guerra que estaba al punto de ser ganada. Tenía un ejército sobre 53.000 mil hombres. El sentimiento de los líderes cubanos y del gobierno-armas era que si los Estados Unidos deseaba ayudar al no intervenir militarmente.

¿Sin embargo, los Estados Unidos hacen esto? ¿A qué propósito?

Este es el otro lado de la moneda, en convencer de esta historia. Esto comienza la parte posterior y extremos lejanos con la guerra Española-americana y la ocupación americana en Cuba. Es una cosa deplacable, y es el asiento de nuestra relaciones preocupadas en este siglo, y la inestabilidad cubana. Ni usted ni fueron los cubanos de hoy responsable de esa historia. No estábamos allí. Pero es necesario acercar el pasado con historia general del mundo, y ver los acontecimientos pues el producto de su tiempo y de los factores que convergen para hacer que sucedan las cosas como lo hicieron. Es el capítulo de este libro que es el más duro para mí a escribir y para ustedes a leer. El público americano tiene una carencia general de la comprensión y de la información con respecto a nuestras últimas relaciones. Esas relaciones deben ser clarificada si debemos intentar encontrar los remedios para nuestras actuales enfermedades. A aquéllos quien crea esta declaración, le dedico especialmente el capítulo siguiente.

CAPÍTULO TRES

CON EUROPA
Y SU COLONIALISMO IDO

Una nueva colonia actividad-imperialismo-se presentó de nuestra propia comunidad de naciones. Y vino del Norte-de los Estados Unidos de las cuales, alcanzando las enormes amenazas, explosiones fuera de origen y derramamiento sobre las fronteras nacionales para invetirse en otros países. Es decir, en vez de tomar la posesión física, toma la posesión de su abundancia natural. No para considerar que los derechos de un cierto extremo donde los del resto comienzan, o que como Benito Juarez de México dijo, "paz es el respeto por el derecho de otra persona". Los E.E.U.U. no se trata a derecho e incorrecto morales.

Un país que domina la economía de otro países es naturalmente un factor de determinación en que vidas y política, y apenas como intenta naturalmente de ejercer una influencia siempre fuerte sobre sus destino-destinos, que, después de todo, afecta eso la inversión. Para su propio control de la protección de los países en los cuales tienen intereses económicos grandes es esencial. Como resultado de tener permitido sus empresas grandes para invertir en nuestro país, los E.E.U.U. el gobierno se obliga para imponer en nuestra política de los funcionarios de nuestro gobierno. Pero, aunque más pobre y más dévil, tenemos una derecha a la autodeteminación de nuestro país. Nos liberamos, depués de mucho sufrimiento y en un precio alto, elevados en vidas humanas, de un colonialismo lejos menos liberal y machacando el inglés. Hemos ganado la derecha de nuestra propia soberanía. Pero la fuerzas de la salud y del potencial de esta soberanía fue minada gradualmente, que representó no más largo un mayor nivel del valor humano, no significó cualquier cosa con excepción del hecho de que fue motivada franco y desvergonzadamente, con el derecho simplemente de la fuerza, por la codicia.

Cuando la república infantil de Cuba al sur se le abrieron los ojos y comenzó a intentar caminar en sus propias piernas, encontraron que sus propios recursos económicos principales no pertenecieron a ella. Este hecho es responsable de la malicia características de este país y entre especialmente de año reciente en las relaciones los Estados Unidos y Cuba.

Sobre un cuarto de todos los E.E.U.U. las exportaciones va a América latina, de la cual consiguen un tercio de su importaciones. Pero qué los Estados Unidos adquieron de nosotros los precios muy altos y éste los paga de altas tarifas. Lo más importantemente posible, perdemos los trabajos y la abundancia que la industrialización de nuestras materias primas traería a nuestros países.

En esto todavía miente la "causa de quejas", así como la razón principal del sentido económico su única colonia, materias primas produciendo, careciendo la industrialización y desarrollo tecnológico, es potencial Agricola controlado y limitado, su suelo trabajando para la ventaja, no de la mayoría, pero los Estados Unidos en el pasado y trae la intervención una buena u otra.

En 1902 dos tercio de la tierra cubana era de la característica de los E.E.U.U. compañías, junto con el gas, la electricidad, el teléfono y la compañia del transporte junto con cualesquiera carretera no pertenecieron al inglés; más casi toda su abundancia y productividad, eran internas el de las empresas de los E.E.U.U. Una rebelión contra éste los estados de asuntos habría arriesgado el poner de nosotros en sus manos más totalmente, las gracias a un documento llamado la enmienda Platt (de la Plataforma), que dio a Estados Unidos el derecho de intervenir en Cuba para preservar orden y para garantizar la seguridad de sus características e inversiones. ¿De dónde esta enmienda de tal documento, y pusimos nuestro nombre a él? Porque no teníamos ninguna opción.

Del presidente Jefferson primero permanecía con la idea a la anexión de Cuba a los Estados Unidos era un proyecto del animal doméstico del gobierno americano sucesivo hasta que el siglo vigésimo. Presidente Madison enviada "explora" a Cuba en "misiones de la buena voluntad". Mientras que un correspondiente y un departamento Shaler nombrado agente del estado estaban en Cuba que hacía el contracto con la anexión criolla. En Monroe 1823 mantenía el interés de la unión en la isla incluso mientras que guarda Europa en la distancia respetuosa con la doctrina de Monroe, que los "americanos para los americanos". (de la parte meridional agregamos con ironía: "-del norte".) y en años subsecuentes se convirtió en abundante claro que los Estados Unidos no desearon la independencia de Cuba, solamente la anexión, que por razones del aumento mutuo atrajo a amos E.E.U.U. poseedores de esclavos cubanos. Para Juan Quincy Adams, Cuba era una "manzana que tuvo que caer por gravedad en las manos de los Estados Unidos".

En 1844, relaciones comerciales entre los dos países estaban así que cercano los 40 por ciento de su importaciones fueron a su crecimiento vecinos. Cuba era la mayoría del Mercado de importación de los Estados Unidos después de Inglaterra y de Francia.

Cuando Polk avanzó el program expansionista anexando Tejas, Nuevo México, California, y la parte noreste de Arizona a una unión, la manera se parecía clara lejos la incorporación de Cuba. La teoría del destino que manisfestó estaba en paga completa. La manzana se parecía lista a todos. Polk pidió a expediciones que si iban para Cuba de los Estados Unidos que se marcharán, y envió un mensaje especial a España con una oferta de la compra. La lengua del expañonismo del período era un velo bonito: cada anexión fue referida como "implica el área de la libertad".

El sucesor de Polk, Zanchary Taylor, paró las negociaciones de la compra temporalmente, pero en 1853 el presidente Pierce las renovó con una oferta a la reina de España de 130 millones de dólares-que representaban un aumento de 30 millones sobre la oferta de Polk. Mientras que la grieta entre el norte y el sur ensanchó, sin embargo, el norte comenzó denuncia todas las tentativas de anexar a Cuba, mientras que el sur continuó intentando desesperadamente neutralizar los estados univalente incorporados del abolicionista de la unión adquiriendo con su propia estructura económica. Pierce fue obligado dejando de lado su plan de la compra, y una cuenta para la compra de Cuba presentaba al congreso durante el término de la oficina de Buchaman fue como derrotado de par en par por los estados norteños.

En Cuba, también, el movimiento de la anexión vino a un alto virtual en alerta esta vez. He tenido el soporte de muchos muy buenos criollos hasta que vinieron entender que ésta no era la respuesta a los problemas de Cuba. José Antonio Saco, uno de nuestros hombres más brillantes del diecinueveavo siglo, que ensayos en excavada economía cubana, y el país escribieron un estudio de la anexión que dio a esta idea el soplo de la muerte por lo que a los cubanos. Un párrafo corto de ese estudio demostrará su previsión.

"el triunfo de la anexión… traería a esta isla una nueva cultura, elementos de una nueva raza y una nueva energía extranjera, una sobrecarga de muhas maneras importantes a los de la gente cubano".

El caso de Puerto Rico es una ilustración excelente de la previsión de Saco. Como Cuba, luchó amargamente para la independencia, sólo para convertirse en parte de la bota de la guerra Española-Americana. En el caso de Puerto Rico, sin embargo, la posesión era formal y permanente. Por muchos años ha sido un ejemplo vivo de los resultado de la colisión dramática de dos diversas razas, desintegración-siempre su lengua fue corrompida en un lengüístico lamentable híbidrio-que en años recientes fue una política más parcial de parte de los Estados

Unidos, que había sido enterada de los resultados negativos de su anterior, ha concedido a esa idea cierta autonomía como "estado libre asociado". El puertorriqueño ahora está teniendo un renacimiento de la cultura hispánica, y las nuevas fuerzas nacionales está queriendo recobrar mucho de lo qué perdió.

Esto ha sido acompañada por una mejor agua entre la población que se había encontrado una verdad para identificar, desorientado, sin ser similado. convertido en una clase de baroque social rendida y despreciado por su nueva "madre patria". Los Estados Unidos finalmente habían entendido que la isla, que nunca fue uniforme dada el estado de un estado de la unión, se había hundido en una decandencía desventajosa a toda una cuestión. Mucho más la misma cosa, incidentemente, ha resultado de un choque similar de la lengua y de la raza que ha ocurrido en las Filipinas. Sin embargo, es pertinente agregar que en los Estados Unidos están enterados de sus errores del pasado y las injusticias y lo ultraje para emprender las actuales crusadas de odio.

El período terrible que seguía la guerra civil encontró los Estados Unidos observó con sus problemas internos, mientras que Cuba luchaba con su "sangre" y "poco" guerrero con España. Hacia el final de 1880 los Estados Unidos usaban otra vez sus siete botas de hierro. Cuba, por otra parte, fue arruinada. Sus guerras habían devastado el campo y la economía, y tenían empobrecido más de los terrateminetes. Éste era el propisio momento para que el saludable joven dólar americano camine adentro y comprar las características y utilidades externas, así como plantación del azúcar.

Los Estados Unidos ahora incorporaban un período del gran crecimiento económico y financiero, y fue desarrollando una plutocracia, si no estaban formalmente en el control del vehículo democrático, eran sin embargo el ingeniero a quien el gobierno tenía siempre que consultar-y, en materias importantes, obedecer. Era esta energía económica de la fuerza-que conducía detrás del trono-que fue a explorar vocaciosos en todas las direcciones y construyó los ferrocarriles, estableció los telégrafos, anunció la explotación de minas, de reducir los bosques, el sembrando áreas enormes de inversiones extranjeras. En su esfuerzo de dominar América latina, estos intereses de gran alcance acuñaron una palabra que eran utilizar para su conveniencia exclusiva: "Pan americanismo". Para del globo los Estados Unidos todavía no estaban satisfechos con el anillo de las palabras "destino manifesto", mientras que se establecieron en algunas de las islas de Samoan en el Pacífico y, en 1893, en Hawaii.

El último trimestre de las inversiones americanas del siglo en Cuba ascendió ya a 50 millones de la suma considerable de los dólares-uno por esas épocas Atkins nombrados las fimilias, Farrel, Havemeyer, de nombrar algunos, tenía la confianza del azúcar, enganchando a ambos que plantaban y refinación-que es, el azúcar fue plantada en Cuba y refinada en los Estados Unidos. La empresa siderúgica de Pennsylvania, los trabajos del hierro de Bethelehem, y la compañía de acero adqurieron el hierro, el cromo y minas del manganeso. Pero el aceite de 1894 estándares llevó a cabo el monopolio en Cuba del petróleo y de sus varios derivados (keroseno etc.). El capital americano fue invertido en electricidad. Además, los Estados Unidos profundizaron sus atrincheramiento económico en la isla poniendo altas tarifas en nuestro producto refinado, o frabricado del cubano, tales como azúcar, pero pusieron altas tarifas en nuestro producto refinado, y en esta Cuba de la manera propias refinerías fueron puestas de negocio mientras solamente-fue acentuada. Era igual con la industria del tabaco. Por medio de altos derechos de aduanas la protección fue dada crudo y retenida de tabaco del manufactor. Este resultado, entre otras cosas, en una emigración en grande de los trabajadores expertos del tabaco a los Estados Unidos en la búsqueda del trabajo, la mayoría del que colocaba en Tampla Florida.

Nada que el bienestar económico de Cuba venía depender más y más de los Estados Unidos. José Martí declaró: "la unión económica significa la unión de la política. La gente compra, ordena. La gente qué ventas, servicios. Es necesario establecer comercio si se va a la libertad a estar asegurado".

Hacia el final de 1880 la prensa americana comenzó adquiriendo a advertir al público a la idea de la posesión de Cuba. Desde más o menos planes y maquinarias del gobierno del secreto el asunto se movió en el ojo público. El periódico discutió cómo aceptar a Cuba, o si aceptaba en todos. De marcha de 66 de 1889, fabricante, de Filadelfia, dijo: "la esperanza que pudimos tuvimos que calidar a Cuba para la dignidad de estado vecino sería a Americanizarse completamente, cubriéndola con la gente de nuestra propia raza". El artículo se encendió exigimos como gente, incluso suena el bombo en cuanto para describirnos como afeminado. José Martí respondió precisando la virilidad histórica del que a tenido tan continuamente y luchando valeroso para su libertad. Una de las cosas que él trajo a la atención de la fábrica en su demanda para el respeto era el respeto que teníamos siempre mostrado para la gente de los Estados Unidos. Él recordó los redactores que la generación que era revelada por el periódico era la misma que, rabiando de cólera España y de la mayoría de los poseedores de esclavos, usó las vendas de luto por una semana que seguía la muerte de Abrahma Lincoln.

Nueva York Evening Post opuso la compra-en los argumentos que los Estados Unidos no deben cargarse de las "razas inferiores".

Poco antes nuestra guerra para la independencia comenzó en 1895, José Martí y sus seguidores sufrieron sus revés peor de los Estados Unidos cuando tres naves cargadas con las armas y las fuerzas militares fueron agarradas y sin aporrear. Que la guerra podía proceder en curso era debido a la perseverancia indomable de Martí y sus patriotas, a través de quienes, con la ayuda monetaria importante del trabajador cubano del tabaco en Tampa, ayuda finalmente sucedió en conseguir a una cierta expedición.

Cuando la oferta de España finalmente rechazaba cubano de los insurrectos de la autonomía, el aconsejador de los E.E.U.U. Fitzhugh Lee, pensando nosotros no somos capaz de aguantar los horrores de la devastación y de Reconcentración que nos sujetaban por el General Weygler, cierra en los impopularidad de la autonomía una vuelta de la oportunidad de lo anexionista.

Inmediatamente había una ofensiva de parte de los cabilderos de la compra en Washington, con Samuel Janny, de 6 Wall Street, de la América, y del mundo. Antes de fin de año de ESTADOS UNIDOS el gobierno estaba otra vez persiguiendo y que agarraba a nuestras expediciones. Es suponer que su intención era a la guerra una victoria concluyente por las fuerzas cubanas que habían sentido lo suficiente fuerte para rechazar la oferta de España.

El 16 de diciembre de 1879, en su mensaje al congreso en guien él declaró a "Dios mismo" lo tenía favorecido "con su Revelante dividido para asumir el control de las Filipinas", presidente Mckinley tenía esto a decir en referencia a la situación cubana: "tenemos el deseo de ver a los cubanos prosperados y contentos, protegido en su derecha de cosechar la ventaja de los tesoros protectó sobre ellos. En este mismo mensaje Mckinley amenazó o al reconocer las vigilancias o intervenir para terminar la guerra que las intuiciones americanas fueron hechas así dar salida a tres meses antes de que el acorazado Maine voló en la bahía de La Habana.

Desde el 1ro de enero de 1898, había movimientos siniestros en la flota americana. En el vigésimo quinto el Maine entró en la Bahía de La Habana a pesar del consejal Lee de no enviárselo y su advertencia que los incidentes deben ser evitados. En el vigésimo sexto el departamento de la marina ofreció a Commodore George Deway, jefe de la escuadrilla naval en aguas asiáticas, para ser preparado para actuar en el aviso de un momento. El "Revelador Divino" de Mckinley convertido en un plan de acción al control de la toma de las Filipinas, con Cuba como pretexto.

Preocupado por el barrido triunfante de las fuerzas de la invasión a través de la isla, del retiro de Weygler, y de la perspectiva de la derrota y de la independencia Española del cubano, el Peninsular comercial de Cuba comenzó frenéticamente a conspirar con los americanos causar la anexión. Theodore Rooselvelt se preparaba ya para un ataque posible contra Cuba. Las haces de los Consejos divulgaron alborotos contra-americanos en la isla. Estaban alrededor esta vez que los E.E.U.U., Steward mensajero 1. Woodford, en Madrid, Washington informado los españoles sabían que Cuba fue pérdida.

En la noche del 15 de febrero de 1898, un gran choque de la explosión la ciudad de La Habana. Los E.E.U.U. el acorazado

Maine tenía la chispa que inflamó a gente de los Estados Unidos a un punto donde estaba la lista ahora ir a guerrear en Cuba, como el lema "recuerda el Maine" competido sobre el país. Había habido 260 hombres y un oficial a bordo del acorazado. Todo el resto, incluyendo capitán Charles D. Sigsbee estaba en tierra esa noche. Al principio las heces del capitán y de los Consejos internacionales. España indignadamente rechazó las acusaciones y designó a comisión técnica dio enfrente de los juicios, de la comisión española que demandaba que la explosión había ocurrido en el interior de la nave, y del americano, que había sido causado por una bomba submarina colocada debajo de la nave.

Los hechos nunca fueron comprobados. Pero la verdad era que España no tenía ningún deseo en el momento era un conflicto con el enemigo tanto tiempo, que eran intenciones con respecto a Cuba saben bien. La parte, fue opuesta a la entrada de América en su guerra y no había sido caracterizada por una tradición de caballorosidad hacia los españoles a un grado que había hecho tal hecho increíble.

A penas la explosión había ocurrido que la prensa americana osciló el país con una compañía para la intervención. El diario de Nueva York y el mundo en Nueva York aumentaron sus circulaciones enormemente. Diario del corazón más que doblado su circulación en un mes sobre un millón.

El 1ro de marzo de 1898, Lee ha enviado un envío era el comentario siguiente: "el capital y la empresa americana pronto americanizó la isla y la inmigración cubana no sería mucho de un factor en el problema".

Una nota muy diversa fue pulsada por el senador Redfiel Procurador después de una visita a Cuba. "a mi la súplica más fuerte no es la barbaridad practicada por Weygler ni la pérdida de la misma... sino del espectáculo de millón una media gente, la población indígena entera de Cuba, luchando para la libertad y la deliverancia de un mal gobierno peor del cual nunca he tenido conocimiento". También en contracto al anexionista prevaliendo o las actitudes más imperialista ("la guerra en Cuba debe parar"), eran eso o los varios periódicos de

Nueva York como anuncian, el Post Evening y Times, que en sus editoriales, aconsejan a anexionista dentro y fuera del gobierno federal que el cubano luchará libremente y no estar incorporado en otro país.

Sin embargo, la ofensiva combinada del gobierno, de la prensa, y de la opinión culminó en el mensaje de la guerra Mickinley al congreso el 11 de abril de 1898, en el cual él llamó para la intervención militar en Cuba y declaró que no era prudente "reconocer actualmente la independencia de la república cubana supuesta" en referencia a ese mensaje, Henry Steele Commager ha dicho: "en ese mensaje al congreso, presidente Mickinley contó de nuevo los acontecimientos que en su opinión justificaron la intervensión en Cuba. Llenado la sugerencia en congreso y en la mente pública". Propuesto no fue aceptado, y la resolución fue antes de que amba reunión contenida junto para evitar el de su riesgo era rechazado o un tercio del senado.

Porque la oferta de los cuatro senadores habían sido rechazado, senador Henry M. Teller. Colorado, propuesta y de la enmienda que confía los Estados Unidos del derecho cubano del respeto de sí mismo-determinación. Después de una decisión turbulenta fue aceptado como artículo IV de la resolución común. Fue guardado como sigue:

"que los Estado Unidos por este medio niega cualquier disposición o intención, cuando se logra eso, dejar el gobierno y el control de la isla a su gente".

La prensa protestó e hizo una grande a- sobre la enmienda de Teller, Gover Cleyeland, procusor de Mickinley en la casa Blanca, estaba indignado en su paso; él describió a cubanos como "los corta cuellos más inhumanos y más bárbaros del mundo".

Hay un documento terrible que cada uno se interesó en saber la verdad sobre nuestro tratamiento en el pasado y sobre la actitud de ESTADOS UNIDOS el gobierno en la historia de la Libertad-de Cuba, que por Rubén Horatio, Rubén estaba en el magnate americano del abogado a través de ese período, y era considerado el mejor amigo de Cuba. Él actuaba como nuestro abogado a través de ese período, y era sabido entre nosotros por su apodo nacional, "el amigo de Cuba".

El documento que yo me refiero consiste de las instrucciones de la oficina de la secretaria auxiliar de la guerra, y firmando por J.C. Breckinridge, al general Nelson a misiles, ejército, jefe de personal, referente a Cuba, Puerto Rico y las Filipinas.

"…Cuba, con mayor territorio tiene una mayor población consiste en blancos, negros, asiáticos y sus mezclas. Los habitantes son generalmente indolentes y apáticos. Es obvio que la anexión inmediata propia federación de tal elemento sería locura, y antes tanto que hacer, debemos limpiar el país, aunque esté aplicando los mismos medios que fueron aplicados por la Providencia divina a Sodoma y Gomorra".

"debemos destruir todo en la gama de nuestras armas, debemos bloqueo de concentrar de modo que el hambre, y la enfermedad, sus compañeros constante, puedan agotar los civiles y reduzcan a su ejército. El ejército (cubano) aliado debe ser empleado constantemente en acciones del reconocimiento y de reguardar, de modo que puedan sufrir riguroso entre dos fuegos y a ellos se conviertan peligroso y las empresas… nosotros ayudamos con nuestras armas al gobierno independiente que será constituido, aunque informal, mientras que está en la minoría. Tema, en una mano, y su propio interés en la otra, hará a esta minoría consolidarse, haciendo a los autonomistas y a los españoles (Peninsulares) restantes en el país para aparecer como la minoría".

"resumiendo, nuestra política debe siempre ser apoyar el más débil contra el más fuerte, hasta que hemos obtenido la exterminación de ambas, para anexar la perla de las Antillas".

Ahora observamos cómo estas instrucciones coincidieron con los progresos reales que ocurrieron cuando los ESTADO UNIDOS incorporaron la guerra: había un bloqueo total de la isla, intensificado el hambre de la población ya empobrecida.

Las parte de los cubanos fueron bombardeado, sin singuna desembarcación de la intención, incluyendo Matanzas, Baracoa y Santa Cruz del Sur. Todos estaban indefendibles, cayeron trescientas conchas en la ciudad contemplada abierta de Cardenas.

El desembarque americano fue efectuado solamente en esos lugares donde estaban fuertes y capaces los revolucionalistas cubanos de estar en ayuda.

Además de las tropas regulares que desembarcaron con ayuda para el cubano, estaban las tropas irregulares, tales como los guardabosques y los jinetes ásperos. Aparece que la sugerencia hecha por el hermano de Jesse James, es decir, para enviar a vaqueros, "poner fin a la guerra", era seguido. Estas tropas irregulares no obedecieron el plan oficial del ataque que hicieron mientras que cometieron, y éste creó conflicto interno entre los americanos.

Los cubanos, que conocían al terreno y al enemigo interno ellos habían luchado y derrotado durante un período de varios años, ofrecido la cooperación y Consejos en las operaciones militares. Pero W.R. General Shafter abandonó el plan formulando por cubano Carlixto Garcías-y los aceptan más adelante por los Estados Unidos-para el ataque de Santiago de Cuba. Shafter también mantuvo una gran revalidad con almirable verdadero. W. Sampson, los camandantes de la escuadrilla condujeron a los ataques y a los insultos personales fuertes, Shafter llamamiento su "Yankee maldecido rival". Las tácticas de Shafter cuestan a muchos grandes americanos las vidas que no necesitan haber sido pérdidas; si en vez de intervenir en nuestra guerra a los cubanos para su final conclusión. No es ingratitud en nuestra guerra a los cubanos decir esto. Sabemos porqué los Estados Unidos deseaban participar directamente. Eran para conservar el derecho, e intentar ejercitar control sobre nuestra independencia y nuestra vida nacional. Los acontecimientos subsecuentes y la historia de casi sesenta años de Cuba republicana llevan esta hacia fuera.

España demandó para la paz el 12 de agosto de 1898, después de sus derrotas navales de las Filipinas y de Santiago de Cuba. A pesar del hecho de que el ejército cubano, con más de 53.000 hombres había contribuido más que cualquier otra fuerza de la tierra en la guerra en España, inmediatamente fue prohibido de entrar en Santiago de Cuba entonces fue ocupada militar por las trapas de ESTADOS UNIDOS. Nuestro ejército la liberación estaba disuelta.

El 10 de diciembre el tratado de París estaba en lucha por independencia-este tiempo con el gobierno de los Estados Unidos, y los americanos estuvieron asombrados encontrar a esos líderes de los criollos para ser gente capaz, instruida, refinada. García representando el gobierno cubano desconocido, los impresionó con un inglés perfecto, su figura elegante, su impecable manera-y particularmente con la firmeza de su defensa de nuestra derecha.

Los Estados Unidos nombraron un gobernador militar para Cuba. John R. Books, hombre honorable y cortesano. Pero en contraste con la impaciencia de los E.E.U.U. el gobierno para retratar a nuestros criollos como "notiriles feroces" gravemente en la necesidad de la civilización, libros descritos como los caballeros caballerosos, autónomos que eran, que no tenían el menos deseo de enganchar a represalias contra los españoles derrotados.

Los americanos, al final de su guerra revolucionaria, se había dividido encima de millares de granjas del inglés-dueño en Virginia, Nueva York, Pennsylvania y Maine, precipitando la emigración de cientos de miles simpatizantes ingleses. Pero Cuba, una vez que retiraran el ejército de Peninsulares, los españoles e incluso los cubanos que habían luchado con ellos en detestado a "cuerpo voluntarios" fueron permitidos para permanencia y para vivir como cualquier otros, funcionado sus negocios como antes. Esta actitud de perdonamiento y de olvidarse era una característica nacional por muchos años, hasta que las lecciones de dictaduras sangrientas impusieron ante nosotros la obligación desagradable de ejercitar sanciones.

Los libros eligen un gabinete integrado por cubanos, y establecieron a poblaciones amistosas y eficaces. Su actitud tenía mucho que hacer con el hecho de que no había oleada ascendente del resentimiento sobre la hora difícil. Sus informes eran favorable a nuestra gente, acentuando nuestras virtudes y el alcohol con los cuales fijamos sobre la reconstrucción de nuestro país devastado. Él como amó a la gente cubano, pero no por los imperialistas americanos, que lo encontraron inadecuado. Sus encantos continuaron, y a Leonar Wood, la primera los sustituyó de los tiranos de Cuba después de la salida del gobernador español.

La madera era arbitraria, cínica, inescrupulosos, y adoptó en el encanto. Él empleó todo esto las calidades en su corrección de la isla y en crear problemas entre los cubanos. Nuestros historiadores están convencidos de los planados en enjambre de hábitos malvados en la circulación sanguíneas de la nueva nación. Como todos el dictador, él creó los trabajos públicos que les dan el brillo que necesitan distraer la atención del público, así como la oportunidad de robar grandes sumas de dinero con el pretexto de presupuestos enormes, de cuentas infantes, y de costos inexistentes. Él hizo todo lo que podía al obstracto si Cuba debiera ser dado su independencia. Él hizo esto en el especto de la existencia de la enmienda de la caja en la resolución del unido.

Durante el gobierno de Wood que estaban los cubanos convocó para la elaboración de su primera constitución. Pero el gobierno de ESTADOS UNIDOS puso inmediatamente los componentes en un dilema terrible: los Estados Unidos no saldría de Cuba a menos que la enmienda Platt (de la Plataforma) fuera aceptaba.

La enmienda de la Plataforma solucionó el problema americano de cómo salir de Cuba sin realmente dejar-que es, sin dar encima de la derecha a ambos países. El tratado de la reciprocidad, junto con el tratado permamente, en el cual la enmienda de la Plataforma era estar incluido, Cuba convertida en una dependencia económica de los Estados Unidos tenían otros que utilizar con gran eficacia. Cotizó la parte de un envío enviado por el Ministro americano Hebert G. hacendado a John Hay secretario.

"…en esta conexión que deseo decir que algunas indirectas dadas en los cuartos apropiados con el actual gobierno a una aceptación de nuestras ofertas".

Después de casi tres meses de resitencia vana, los miembros cubanos de la asamblea continuada, consideraron que deben aceptar la enmienda de la Plataforma o considerarnos que deben aceptar la enmienda de la Plataforma o perder la república de Cuba, y dieron adentro.

Según la enmienda de la Plataforma, Cuba no podía hacer tratado o las alianzas con ninguna nación extranjera, o concesión a ningún país excepto Estados Unidos-que lo obtuvo para las bases paga-militares anuales insignificantes, cuartos, para las tropas, o control de cualquier parte de la isla. "el gobierno de los consentimientos de Cuba que el gobierno de los Estados Unidos muchos ejercita la derecha de intervenir para la preservación la independencia y el mantenimiento de un gobierno capaz de proteger de vida, de la característica cubano y de la libertad individual, o por la falta de Cuba de satisfacer las obligaciones del tratado de París para los Estados Unidos, que ahora serán asumidos y garantizado por el gobierno cubano".

La reparaciones españolas estaban no para Cuba mutilada sino para los Estados Unidos, que habían llegado a última hora para emprender una breve guerra de tres meses, mientras que nos cargaron con comisiones de un tratado en el cual no participamos.

Cuba fue obligada "ejecutar y realizar los planes de sanamiento comenzando ya, para la salud de la gente y el comercio meridionales de las partes de los Estados Unidos y la población que residía en ellos". Tuvimos que tener mucho cuidado de no infectar su gran alcance vecino-que deseó negociar con nosotros, no solamente con cada ventaja económica (una de su primera isla, sin dar ninguna ventaja recíproca a Cuba) pero con las garantías para su salud.

Cuba también fue presentada de contraer deuda pública "si las colecciones de impuestos ordinarios de la isla son inadecuados".

Finalmente, éramos fuerza para conceder bases navales. Había incluso una tentativa de hacer La Habana una base naval americana.

La aceptación de la enmienda de la Plataforma, de la cual he dado solamente los puntos principales, tranquilizó los expansionistas que no tendrían de largo esperar, y la ocupación militar fue levantada en la expectativa que nuestra falta nos haría gota en sus manos, como la manzana de la cual John Quincy Adams ha hablado. Las elecciones finalmente fueron permitidas ser llevadas a cabo, y el primer presidente Tomás Estrada Palma tomó la oficina el 20 de mayo de 1902.

Que la idea dominante, a pesar de todo, había sido, y había continuado siendo, anexión se demuestra largamente en la correspondencia de Leonard Wood con Theodore Roosenvelt. Aquí está el pacto de la letra anticuada La Habana, el 28 de octubre de 1901.

"…hay, de causa, poco o nada de independencia verdadero a la izquierda a Cuba bajo enmienda de la Plataforma… que ella no puede hacer ciertos tratado sin nuestros consentimientos o pedir prestado el dinero más allá de cierto límite, y debe mantener ciertas condiciones sanitarias, etc., de los cuales es clara evidente que ella está absolutamente en nuestras manos y creo que ningún gobierno europeo por un momento considera que ella está de otra manera que una dependencia práctica de los Estados Unidos, y mientras que tal se da derecho ciertamente a nuestra consideración".

Con el control que tenemos Cuba excesiva, un control que pronto indudosamente se convierta en posesión… controlaremos pronto prácticamente el comercio del azúcar del mundo o por lo menos de porción muy grande de él. Creo que Cuba es una adquisición más deseable para los E.E.U.U. ella está fácilmente, digno de cualesquiera dos de los estado meridionales, probablemente cualquier árbol, con la exclusión de Tejas… y la voluntad de la isla, bajo ímpetus de nuevo capital americanizado, y nosotros tendremos en la época una de la posesión más rica y más deseable del mundo.

Los E.E.U.U. fueron a las tropas, pero cuatro años más tarde debían volver cuando había agitación política en Cuba como resultado de la segunda elección presidencial.

Y este fantasma de la intervención era por varías décadas para amenazar a los cubanos que desearon rebelar contra los gobiernos que, con la excepción del primer, eran todos deshonestos. Estos gobiernos cargaron el país con préstamos Americano-en el dasafio de la estipulación económica americana provechosas para los monopolios americanos. La penetración económcia americana facilitaba. Gracias a tal cooperación, ese propio país. Podrían violar derechos de aduanas, pagar de los salarios minúsculos, y continuar asumiendo el control de la zona de las tierras grandes.

Y la gente cubano no podía hacer nada sobre él, por el miedo del fantasma terrible de la intervención.

Pero José Martí había escrito: "los enemigos de la libertad de una gente no son tanto los extranjeros quien oprime a ellos como la timidez y la vanidad de hijos". Era como si él hubiera sabido que nuestos propios ejecutivos iban a darnos casi mitad de un siglo de la corrupción y de la traición y uniforme, finalmente, tiranía sangrienta. Pero la timidez de una generación de cubano decentes desalienta y afligió con el trauma "de los americanos está viniendo" debía terminar con la emergencia de una nueva generación, "la generación de los años 30". Debía terminar cuando los hijos de esos caballeros criollos suavehablado, y de los españoles que se habían perdido en Cuba, comenzaron su lucha para cambiar cosas en nuestro país; y cuando un presidente de Cuba, Gerardo Machado, comenzó a emplear una arma intolerable a la gente-asesinada y al terror cubano.

Y para entonces nuestra isla incontenible había crecido cansada de temer al duende de la intervención americana y se levantó encima de clamorear de nuevo para la libertad, porque de la independencia que había luchado para, y ganado, pero nunca había obtenido.

Capítulo Cuatro

En la Cuarta Parte del Siglo Pasado

Era imposible para uno ser presidente en Cuba sin ser conocido como "la ayuda de la América". Sin que los políticos más populares no podrían esperar ser nominado como candidato a la oficina, sin importar cual puesto que él pudo ver pertenecido fuera de la oficina, política muy probablemente para cooperar con ellos, lo hacen socio en una de sus empresas, y entonces le dan a él todo-importante foro. El ejército, sus oficiales vinieron de las familias ricas de la alta sociedad cubana, hizo el resto. Apoyó siempre a candidato exitoso, significando el haber movido hacia atrás americanos, y "orden guardada" en las encuestas y a otra parte, viendo a ella que fueron timos electorales de voto-cuenta y todos los tal y como previsto.

El término presidencial de cuatro años, no solamente el Presidente pero sus colaboradores más cercanos crecieron ricos, al igual que los políticos profesionales a cargo de la burocracia enorme de empleados públicos. Estas burocracia oficial (no hay función pública en Cuba) era una clase de estos políticos profesionales. Prosperaron en sus posiciones del gobierno, repartiendo trabajos en el intercambio para la ayuda y los votos. Debido a Cuba en suficiente en fuentes del empleo, había una gran demanda para estos trabajos. La masa de los sostenedores de la oficina tuvo que el partido en control fuera substituido, y así que se convierte una manada indefensa manobrada en la voluntad por los políticos. Fueron hechos para asistir a reuniones y a reunir, y cuando vinieron las elecciones, entregaron sus licencias de votación a sus jefes de utilizar mientras que dicen ajuste.

La gente, por supuesto, estaba bien enterada que las elecciones eran una farsa, pero sintiéndose desamparado para actuar, como rebelión había provocado e intervención americana, así como la persecución pero las autoridades.

En 1925 la elección vínculo de compartir los intereses y de ayudar a Gerardo Machado, después primero de tomar la precaución de hacerle a un asociado. Entre monopolio en Cuba, y cargar quince centavos por hora kilovatio en La Habana y hasta veintidós centavos en el interior de la república.

Cuba pillada Machado con gusto. Él malversó fondos políticos, y pesó, y pesó el país abajo con una deuda exterior enorme.

A pesar de la enmienda de la Plataforma, los bancos americanos le prestaron tanto como él pidió, y sus maquinaciones para pagar los intereses enormes en esos préstamos sacrificó siempre a gente. Él restringió dos veces las producciones del gasto de azúcar-uno de nuestros dictadores y siempre sostuvo desastroso a Cuba. La segunda vez que, él estaba de acuerdo con un plan propuesto por un banquero americano nombrado Chadbourne, y dieron a industria americana de las remolachas una oportunidad de convertirse y dieron a otros países también el ímpetus para ampliar su producción de azúcar y para terminar con nosotros. Además, Machado no estaba contento con su término de cuatro años. En 1927, cuando él instituyó un cambio de largamente constitucional el mandato presidencial a seis años.

COMO PARTE de la protección que Machado acordó a los bancos americanos y canadienses extranjeros de los intereses-que en la altura de la gran depresión vinieron en la posesión de una gran hipoteca, los cortadores de molinos-de la caña de azúcar como ésos en el Molino de azúcar, en el central de Media Luna en la provincia de Oriente trabajaban de la salida del sol hasta la puesta del sol en un sueldo de cinco centavos por día. No había cosa tal como horas de funcionamiento del máximo o al derecho a la huelga. Machado estaba también parcial a los comerciantes españoles y a los hombres de negocios nativos, garantizándolos el derecho de explotar a sus empleados y de perseguir a quienquiera que intentaba a organizar una unión o una huelga.

Persiguieron a los intelectuales para protestar contra su manipulación de la constitución para ampliar su energía. Él designó a los profesores de la universidad personalmente, y expelieron a los estudiantes disidentes.

Machado fue reelegido en 1929.

Antes de su reelección, él hizo una visita "triunfal" a los Estados Unidos, que le dieron su entera corazonada la aprobación y ayuda, y en su vuelta hizo que todas las escuelas en La Habana enviaran a sus estudiantes para saludarlo con las flores mientras que él caminó en tierra. El aterrizaje de Machado había, por supuesto, un desfile enorme de empleados públicos.

Los estudiantes de la universidad comenzaron a desempeñar un papel cada vez más activo en la política de su país. Desde Julio 1923 Antonio Mella había estado revolviendo encima sus estudiantes del compañero proclamando en manifestosos y reunión pública la verdad de la política cubana y de sus posiciones coloniales, y el exigir autonomía para la universidad. Como institución oficial sin la autonomía, universidad-en ese tiempo que el único adentro Cuba-seguía siendo reelegido por el partido en la energía, que lo arrastró en la corrupción política nacional, jugueteando con ella el presupuesto, limpiando sus pasillos, imponiendo su política ante ella abajo en conjunto. Entonces en 1927, con Machado en oficina, los estudiantes formaron la primera dirección del estudiante para la orientación y el consejo de la juventud de Cuba. La respuesta de Machado era instalar a policía en los pasillos de la universidad. Tres años más tarde, en 1930, los estudiantes formaron otra dirección. En la mañana del 30 de septiembre de ese año los estudiantes, unidos por el intelectual de todas las profesiones, recolectaron antes de la universidad para protestar contra las tácticas de la universidad de Machado. Los estudiantes, funcionaron con la protesta de grito de las calles hasta que los carros de la policía llegaron y comenzaron a carrearlos de ahí. No se armó ningunos de los estudiantes, en aquella época no soñábamos con tales cosas, pero esto no evitó que un policía manipulara a uno de los miembros de la dirección. Rafael Trejo, entonces disparándole una bala fatal en él. Otro estudiante, muy precipitado ayudó a su comapañero caído, recibió un balazo en la cabeza de un policía montado que lo dejó sangrar y sin conocimiento en la acera. El nombre de este segundo estudiante era Pablo de la Torriente-Brau. Pablo estaba en la cuestión de la agitación política a limpiar el gobierno y liberar a Cuba de su estado colonial. Pronto después de cerrar la universidad y de las demostraciones de los estudiantes que golpearon paso grande completo después de que el asesinato de Rafael Trejo en 1930, Pablo estaba en la prisión por sus actividades fueron encarcelados sin prueba por meses él fue encarcelado otra vez, junto con su amigo Raúl Roa, y los dos fueron enviados eventual a la Isla de Pino Penitenciaria. Él no tenía visitantes permitidos pero no fue prohibido el correo, y esta vez ni un sólo día él recibía una letra de su familia. Su prisión de modelo del libro, escrito pronto después de su libertad, aburrida inscripción; y él aunque conveniente liberar a sus presos políticos, con la comprensión que entraron en exilio voluntario, Pablo y los otros estudiantes fueron lanzado y enviado a los Estados Unidos.

Machado bajó entonces cuando los americanos retiraron su ayuda de él cuando pensaron que allí no había ninguna otra solución. Cuba pasando con una crisis grabe económica, reflejando en parte grande la gran Depresión en los Estados Unidos. En 1932 el azúcar todavía asomó puntos bajos de una mitad de centavo por libra. Los cubanos no compraban; por una cosa: no tenían los medios, y por otra, la gente había descubierto que los boicoteó mercancías-especial americano-era una manera eficaz de debilitante la dictadura. No habían pagado los empleados públicos por meses. El desempleo y el descontento reinaron en todas las ramas el negocio. El sabotaje era un problema serio uno la fábrica y las industrias grandes. Aunque no había sido colocadas en su inicio. La gente entera estaba en la rebelión desarmada. La conspiración desafiaba (y sea abrogado eventual).

Otra razón de la discontinuación de la ayuda americana a Machado fue ésa con la inauguración de Franklin D. Roosevelt los Estados Unidos introducía una "Buena política vecina muy necesaria" para substituir del "palillo grande". Por consiguiente, bajo secretario de Summer Welles del estado fue enviado a Cuba mientras que el matador especial a intentar mediar convensionado el país hacia una "solución". Los intereses económicos americanizados en Cuba eran más fuertes de lo que han sido siempre, y una revolución se debe evitar a cualquier costo. Mientras que el embajador especial llevó a cabo conferencias con los líderes del gobierno y la operación, los sindicatos secretos convocaron una huelga general. Las uniones eran secretas habían sido asesinados. El partido comunista, los líderes ahora eran los únicos organizadores experimentados disponibles en el campo de los trabajadores, dirigó adentro. Del 17 de agosto había un rumor falso que Machado había dimitido de oficina. La gente se derramó hacia el Palacio Presidencial y una masacre siguió que las cosas hechas por uniforme para el gobierno. Ahora la isla entera estaba en un marco suicida de la mente. A este punto Machado dio centro a las demandas del trabajador, la arma los directores comunista ordenó a la huelga general terminar y a trabajar, volver a sus trabajos. Pero el comunista había calculado mal gravemente el humor de la gente. Para los comunistas estaba "no digno del apuro a cambiar a partir de una marioneta americana a otra"; pero para los trabajores en sí, Machado era intolerable cualquier manera o forma, y hacen caso detrás-a-trabajar en orden. El resto de la población los ensambló en proclamando a ellos no reasumirían sus trabajos hasta que Machado estuviera fuera.

Summer Welles, conectado de cerca con los funcionarios más altos de Machado, tenía poco apuro al persuadirlos a petición cortesa a Machado de salir del país, con la garantía que tenía él y a su familia y sus características también bien protegidas. Por consiguiente, del 12 de agosto, el aniversario 1933-el de la entrega de España a la Guerra-Machado. Española-Americana, su familia, y sus colaboradores más importantes salieron de Cuba en avión para los Estados Unidos. El comandante del ejército de Machado, general Alberto Herrera, fue el presidente por algunas horas; entonces Carlos Manuel de Céspdes, el hijo del patriota cubano del mismo nombre que en 1868 inició la guerra de los diez años, tuvo éxito según fue arreglado. Welles aparecía haber obtenido su "solución pasífica". Entonces algo estuvo mal.

Como suceden siempre cuando hay ignorancia total de los problema más profundos de una gente, ésos responsable para este "arreglo aseado", incluyendo el embajador especial, para sí mismo enfrentaron repentinamente por un dique quebrado. En el nombre de sus empresas del forraje, el gobierno de los Estados Unidos tenía por los años apoyando un dictador y un saqueador sanguinario de la Hacienda pública, y tenido éxitos solamente en llenarlos amanecer hasta que estalló. Y él violento intentó evitar desbordado, con lo cual eran esos intereses arriesgar a un mayor grado que si los Estados Unidos habían apoyado un régimen democrático y habían reconocido el derecho de una gente de proteger sus intereses y de garantizar el tratamiento justo y la recompensa justa por su trabajo, caído y los arrastraron sin embargo por las calles. Los buscaron por toda la tierra.

Con Machado ya ido, las multitudes histéricas agarraron a asesinos de menor importance del régimen caído y los arrastraron por toda la tierra. En La Habana el cadáver del jefe de Machado de la policía, que, cuando estaba arrinconado. La multitud saqueó contenido de los machadistas ricos. Los libros valiosos, las bibliotecas enteras fueron lanzados de los balcones en las calles. Eran los ejemplos de directo y a justicia feroz son las manos de los que habían sufrido los horrores de la dictadura. Por lo tanto, Machado, plebeyamente se explayó-.

La votación y la violencia física no duraron mucho tiempo, sino los estudiantes armados, pasando a través de los archivos confidencial del departamento de la policía, continuando para agarrar asesinos y a informadores, de algo de quién ejecutado sin ensayo. En el interior del país los trabajadores de la caña ocuparon los molinos de azúcar, la mayoría de los cuales donde característica americana. El hombre y la explotación del día de los cinco-centavos no podían ser aceptados mucho tiempo.

El nuevo presidente, Céspedes, era neutral; no había nada tampoco para o contra él. Él nunca había estado implicado en vida pública cubano, había vivido sobre todo en el exterior. Llevando a cabo una postura diplomático, e incluso fue casado con una extranjera. Desde cuando él había estado en oficina veintitrés días sin la inspiración los entusiasmos populares pasados o cualquiera de la empresa y del proyecto para el aligeramiento de la señal de socorro del país, la gente cubano despertó un 4 de septiembre, 1933-a un boletín informativo inesperado: el presidente había sido destronado.

Los sargentos y tal el heredero, el ejército y los hombres alistados de la marina lo habían relevado a sus oficiales de sus comandos. La dirección de estudiantes y nombraron un sargento el rayo de Batista en la radio que anunciaba la confianza cumplida. Habían llamado los estudiantes, líderes al campo militar de Columbia para participar en la formación de una junta civil. Todo conectado con la mediación fue barrido lejos. Íbamos a tener que Sr. Welles y los oficiales que habían ayudado a Machado para huir habían intentado prevenir. Íbamos a tener la renovación de Cuba, sanciones contra los que hacían maldad de los últimos dictadores, las condiciones mejoradas para los trabajos, la autonomía para la universidad, la libertad y los derechos iguales para todos.

Ésos fueron días coloridos, y sus acontecimientos son difíciles al narrarse de una manera largamente. Pablo que en la primera indirecta de la caída de Machado había cometido detrás de su exilio en los Estados Unidos, tomó a su mejor amigo para visitar el palacio presidencial, que había estado abierto lanzado a todos después de la presidencia de Céspedes. Horas de cuarenta y ocho después que el Segundo golpe, centenares de estudiantes todavía caminaban a través del edificio, yendo adento y hacia fuera a los cuartos como si caminaran alrededor de sus casas. Pablo se apegó a otra parte del palacio divulgar una reunión de comité.

Los estudiantes jóvenes no sabían como hacer con su nueva energía. No habían soñado con tal situación. Ahora estaba para que den a Cuba un gobierno. Después de que muchas horas sin sueño, después de deliberaciones y de más deliberaciones, decidió para instruir su propia regla o gobierno, con cada uno de los cinco que representan un sector de la población que había contribuido a la lucha contra Machado. No se envitó a los comunistas, muy impopulares puesto que su orden al regresar-al-trabajo la orden durante la huelga general, que participaron.

El gobierno fue compuesto de dos profesores de la universidad, un redactor, una independencia e indisciplina a la política, y a viejo banquero de una familia respetable en la sociedad de La Habana. La dirección del estudiante no llevó a cabo ningún correo sino era consulta por el gobierno en ediciones. La masa del estudiante de Cuba iba a ser la ayuda principal del gobierno. Raúl Roa, uno de los líderes del estudiante en los tiempos, y al día el ministro de asunto extranjero en el gobierno de Fidel Castro, llamado "burocracia"; o los ministerios adolescente-envejecidos del gobierno. Para evitar una repetición de la violencia que había seguido la caída del dictador, formaron a los comités para la expurgación de machaditas. Un tribunal de sanciones fue designado para investigar y para procesar el culpable.

Durante la huelga general los trabajadores o los molinos de Media Luna y de Mabay central de azúcar habían asumido el control de sus molinos y exigió los salarios y las horas mínimas, el derecho organizado y huelga, etc., -todas esas demandas para los derechos del trabajor son un hecho aceptado en cualquier sociedad democrática. Debajo del gobierno todavía ocupaban los molinos, rechazando al presupuesto hasta que sus derechos concedidos. La isla entera, por otra parte, continuó entrando en erupción en las huelgas, haciendo demandas similares. Intentando arreglar materias, los miembros apagado a todas las partes del país para escuchar las demandas y transmitirles a ellos el gobierno. Los estudiantes y el gobierno tenían sus manos por completo, y era demasiado a ellos. Demasiado sucedía.

El gobierno duraba seis días. Como un cuerpo que gobernaba que estaba a misceláneo a ser eficaz. Cuba estaba en la agitación, y habían también muchas figuras y grupos diversos a tratar de, cada uno de quién era una fuerza en el país. Estaban los trabajadores despertados de la ciudad. Habían destronado a oficiales del ejército y de la marina. Estaban justamente, favorecido a los oficiales, genio favorable-democrático, contra-colonial de los tiempos, representados por los estudiantes y los intelectuales. Estaba Batista, representando a los Estados Unidos y sus intereses.

Welles estaba indignado en transformar su plan y declaró un personal, privada guerra contra Batista que duraron varios meses y que debía terminar solamente con su memoria. Su primer movimiento materializó el 5 de septiembre, el día después del golpe sangriento, cuando las unidades de los E.E.U.U. la bahía de La Habana de la entrada de la flota.

A pesar de la inminencia evidente de un desembarque marino, esta vez no asustaron a los cubanos. ¡La población de La Habana vertió hacia fuera en el individual que gritaba "sale"! ¡Vaya de nuevo a su país! ¡Usted no tiene ningún negocio aquí! Un cubano no identificado tomó hacia fuera sus revólveres y disparó un tiro a los acorazados. El gesto era redículo, era simbólico y fue comentado muchos encendieron los periódicos y las calles.

A los créditos de Roosevelt, no había desembarque de los infantes de marina, y la sangre cubana no era vertiente de americanos. Welles, por otra parte, fue implicado directamente en su ser vertiente por cubanos. Apenas pues él fue, él fijó sobre intentar dirigir la caída del gobierno revolucionario y de Batista que todavía estaba en ese punto que se reclinaba sin ambición en el fondo, contenido son estar fuera. El 19 de septiembre los oficiales despedidos movidos en el hotel Nacional, en donde vivía el embajador, y comenzaron a llevar a cabo conferencia con Sr. Welles en haber unido militar, mientras que el hotel se convirtió en una fortaleza armada.

El 10 de septiembre, seis días después de su inicio. El gobierno infeliz fue desvanecido y Ramón Grau San Martín, uno de los dos profesores de la universidad y el único de los cinco la dirección del estudiante había podido guardar en él el correo, fue presidente proclamado. Esto fue esperado estimularía el reconocimiento por los otros gobiernos, pero solamente México continuó relaciones formales. El cuerpo diplomático extranjero, esperando para ver qué posición tomaban los Estados Unidos con respecto al reconocimiento, no atendió a la economía en la cual Dr. Grau fue instalado como presidente. U.S.A. el reconocimiento no vendría hasta allí y Batista no era todavía un déspota.

Con el país en un estado de anarquía después del golpe de estado el 4 de septiembre, el control militar tuvo que ser ejercitado sobre la isla entera, y de primera, Batista demostró una capacidad de organizar y ordenar. El nuevo ejército comenzó a establecer un cuerpo de los oficiales alto- graduación, tomando entre los soldados, de los cabos y de la casta improvisada los sargento-uno qué trataría a Cuba con la barbaridad verdadera por muchos años.

En noviembre, las fuerzas del gobierno de Batista atacaron el hotel Nacional cuando los ex-oficiales rechazaron por sus jefaturas nuevas. El matador especial y movido hacia fuera para entonces debido a los comentarios acentuados y porque él sabía que una batalla se asomaba. Años más adelantes de turistas que visitaban La Habana podrían inmóvil considerar las cicatrices en las paredes del hotel que, expuesto en todos los lados, vino fuego concentrado de los barcos de Batista. En el mismo tiempo había una sublevación por el ABC efectuó su sublevación en La Habana de los tiradores emboscados que encendían los tejados en los soldados que mantenían orden, la sublevación asumió mil vidas, y fue colocada por el nuevo ejército de Batista con la ayuda de los estudiantes.

El primer gobierno de Grau San Martín, viniendo como hizo en la estela de una dictadura que había salido del país en caos económico, no podría evitar los apuros y la turbulancia que se levantaron para resolverlo. Sus cuarto meses en oficina fueron caracterizados por la agitación y las huelgas todos sobre la isla y por guerra entre derecho e izquierdo en los campos del estudiante y del trabajador. Era primer gobierno de los nacionalistas de Cuba. El partido comunista, siendo una organización del internacionalista, un diente de combate y un clavo corta cada de los decretos nacionalistas publicado por Grau y su secretario que gobernaba. Antonio Guiteras, que era la fuerza verdadera detrás de Grau. Los comunistas no estaban interesado en el problema de los por ciento de Cuba; llamaron todo el gobierno nacionalista "chauvinista" (ciego patriotismo).

La administration de Grau-Guiteras incurridas en muchas equivocaciones y tenía muchas averías inherentes, pero estableció leyes para proteger al trabajador cubano, presionando para la abrogación de la enmienda de la Plataforma, y tomó las medida que, aunque desplegado el interés americano, eran vital necesarias para la establización ley, requerir por lo menos mitad de Cuba obra mano para ser cubano por nacimiento o naturalización. Otra ley privada para la mejora de las condiciones del trabajador. Esto fue seguido por un decreto que negaba el pago de intereses y de la deuda $80 millones que Machado había contraído con el banco national de la perservación para la realización del programa de trabajos públicos. El préstamo ilegalmente fue hecho por un congreso ilegal y a pesar del hecho de que el banco estaba bien enterado del estado financiero de Cuba y político sin resolver debajo de Machado. Por supuesto la persecución lastimaba a mucha gente en América, (en el gobierno de los Estados Unidos debe exigir discutiblemente un mayor sentido de responsabilidad de sus bancos reparticiones internacionales de ellos y la inversión, especialmente en negociaciones con los tiranos. Detrás de estos tiranos vendrán siempre los que serán poco dispuestos reconocer las deudas ilegales empujadas sobre que puedan. Dos meses antes de que bajó Machado, incidentemente. Cuba tenía deuda total de casi $165 millones, de los cuales solamente $7.816.000 eran una deuda interior. Teníamos, además, una deuda flotante de $50 millones).

En noviembre la batalla en el hotel national y la sublevación del ABC había ocurrido. El 24 de noviembre de 1933. Sommer Welles fue llamado de nuevo a los Estados Unidos, y el 18 de diciembre Jefferson Caffery llegó en La Habana como representante personal del presidente Roosevelt. Y la reputación malvada lo precidió.

Caffery era el Maquiavelo que transformó el ex sargento de una masa ráfaga de la gente con oratorio emocionalista compulsivo y, al principio, ningún deseo para personal una gandiosamente u honores, en un "hombre fuete brutal". En vez de oponer Batista como Welles hizo, él buscó sus amistades, y sus sirenas canciones hablando al oído del pequeño sargento-dar vuelta-coronel que su esposa era una lavandera (y una buena mujer que nunca nadie ha tenido una aversión). Cada mañana Caffery fue al campo del ejército de Columbia donde Batista vivió y le tomó el montar a caballo, practicando sus equitación y conversando con él en la manera más amistosa; o irían en una visita a los padres de Jesuita en la escuela de Belén, porque Caffery era un convertido reciente a Catolicismo romano. Batista (desemejante de Fidel Castro) siempre como la compañía de una gente informada mejor y escuchaba su consejo. Él entonces estaba hasta humilde, y adoptando un nuevo ambiente.

Mientras tanto, el programa nacionalista del gobierno de Grau continuó; irritando no solamente los americanos pero Batista, que desearon desesperadamente el reconocimiento americano y que era, por otra parte, rápidamente viniendo bajo influencia de su nuevo amigo. Los molinos de azúcar de expropiar dos del gobierno de la propiedad americana y nacionalizados. Pero qué causó realmente la caída de ese gobierno fue la tentativa de reducir el costo de la electricidad, que era una medida tan vitualmente necesaria. La compañía de electricidad cubana fue un subsidiario del enlace eléctivo y de la parte, que practicó sus precios altos muy elevados para sus ejecutivos, que antes de que la ley de trabajo de la nacionalización, donde siempre los americanos. La compañía de electricidad cubana, que tenía ya desafio y forzado conformase con las leyes de trabajo del gobierno de Grau mejorando las condiciones de los trabajadores, ahora desfinado su orden al reducir el costo de electricidad, con lo cual el gobierno asumió el control las plantas eléctricas. Eso ocurrió el 14 de enero de 1934. El 15 de enero el gobierno bajó. Batista, que chocando más y más con frecuencia con Guiteras, obligó a Grau que ofreciera su dimisión, que, después de una reunión agitada con los estudiantes de la dirección, fuera aceptaba.

Batista deseaba instalar a condidato favorecido por el americano, Carlos Medieta. Un compromiso fue efectuado por el que Carlos Hevia, un ingeniero y hombre moderado político, fuera hecho presidente, pero después de que las horas Batista de treinta y ocho lo quitaron y substituyeron por Medieta. En el plazo de seis días el gobierno de Medieta ha ganado el reconocimiento americano, negado de cuál había contribuido tan grandemente a la inestabilidad del gobierno de Grau. (A que poco sobre un año más tarde Batista tenía Guiteras asesinado en su acecho).

Con Medieta vino el final del gobierno revolucionario, un gobierno que había sido condenado porque del principio de su carencias de la cohesión política y de programa definido. Y Cuba cayó tan en las manos "del hombre fuerte de Columbia". De quién método de guardado fue basado en fuerza militar. En futuro él instalaría y quitaría a presidente en la voluntad, mientras que él solo hizo gobernar. Él ya. Sabía conseguir librado de estos enemigos. Uno de esta primera guerra Mario Hernández, un conspirador importante de las víctimas en el golpe de estado el 4 de septiembre contra los oficiales. Ese golpe en realidad había sido preparado no por Batista sino por otros sargentos a que él podía dominar en virtud de ser taquígrafo y así, en los ojos de los conspiradores, algo de un "intelectual". El "intelectual" ahora tenía un mentor capaz en Caffery, que en esos días tempranos era un factor en cada desarrollo. La estalación Mendieta como presidente era Caffery que hacía, y el reconocimiento que siguió inmediatamente convirtió americano a Cuba siempre para necesitar a guardias de cuerpos.

Debajo de Mendieta las huelgas y la confusión continuaron, y la mano dura del gobierno Batista-dirigido creció un alambique más duro. Las gemas de la máquina fueron entrenada en los molinos de azúcar rebeliosos. En Mabay, encendieron en los trabajadores.

Asesinaron a los estudiantes encarcelados a sangre fría. Como en la época de Machado, de ejército comenzó a empujar a civiles alrededor, a golpear agente abajo, a hacer detenciones arbitrarias, y, junto con la policía, a matarlas. Era el único lugar, reunión podría ser sostenido sin interferencia de la policía. Y era tan allí que la huelga revolucionaria, pero no fue acompañado por ningunas sublevaciones armadas. Toda Cuba e incluso los empleados de gobierno responder a la llamada de los estudiantes de la universidad. Por nueve días el país entero fue paralizado. En el séptimo día, con la población entera implicada en la huelga y toda en una parada, las ciudades sin luz, sin transporte, sin el movimiento, Batista decidía huir. Él informó a su amigo y el patrón, Jefferson Caffery, de su intención, el matador prevaleció sobre el dictador para oponerse a la huelga y para machacarla. Pero Batista no deseó asumir esa responsabilidad. Era Eluterio Pedraza, jefe de la policía de La Habana, que lo asumió. Y vino tan sobre esa Cuba fue bañada en sangre, y eso una dictadura consolidada podía durar diez años.

Capítulo Cinco

En Cuba

La gente comenzó poco a poco a responder al movimiento comenzando por Fidel Castro. Los voluntarios lo ensambraron en la sierra Maestra mientras que la montaña se convirtió en el punto de la esperanza y de la fe cubana. La problación civil entera de Cuba contribuyó al oficio de Castro en un héroe legendario. Los campesinos de la sierra sirvieron como mensajeros, mantuvieron a Fidel informado del movimeinto del ejército y compartieron lo poco que tenían con su venda creciente. Muchos de esos campesinos que cooperaron con el oficio de Castro eran campesinos y hacendados ricos. Por lo menos, éstos tenían todos los medios ventilados para proveer ayuda de provisiones alimenticias o lo que poseían, el producto-, logo-tipos: leche; carnes; café; viandas y miel de abeja, . . .etcétera.

Esos voluntariosos compatriotas ayudan a Castro y a su ejército. Porque, todos sabían que Castro ante de irse a México, promete que sí él triunfa su principal propósito de exterminar completamente la administración de Batista. Reconstruiría a Cuba y le daría un relieve a sus ciudadanos. Toda la zona rural cooperó con el oficio de ayudar a Castro y a sus mercenarios. Porque todos ellos estaban de acuerdo con la propuesta de Castro. Como Batista jamás se preocupó por alinear a Cuba, sólo sí mismo y sus mejores colegas de alto rangos. Todos se llenan de esperanzas e ilusiones por el porvenir de todos los habitantes que estaban sufriendo decadencias derivadas de varias derrotas presidenciales. La subordinada oradora obra caritativa brindada de los guajiros hacia los Castros fue un acto de hermandad y humanidad para todos los ciudadanos .

En Purial de Vicana Arriba, Pilón, Oriente, cerca de la sierra Maestra tres hacendados de alto nivel económico, oscilan entre el pesimismo y la esperanza, desafían a Batista y a sus rebeldes.

En la historia, Fidel Castro y sus seguidores desembarcaron en Niquero en la provincia de Oriente en una zona pantanosa, finales de 1956. Los revolucionarios se adentran hacia los montes, buscando refugios de los guajiros. El ejército los buscaba cerca de Niquero, la Plática, Pilón, en Purial de Vicana Arriba y en Purial de Vicana Abajo.

Cuando Fidel Castro y todos los mercenarios se escapan de los primeros tiroteos de los aviones del ejército de Batista, obviamente se aturden, entonces, no tienen ni la menor idea para donde ir. Escapar para no ser acribillado o quemado con las bombas y tiros de fuegos que le lanzaban de los aviones de guerra. Fidel y los pocos que quedaron unido a él van a parar precisamente a la casa del señor Crescencio Pérez y Raúl y los demás se van huyendo por otra parte.

Pues, primero, el hacendado Crescencio Pérez vivía en la zona montañosa de Oriente, cuando Fidel y sus mercenarios, se apean del yate que vinieron desde México. Todos llegan a la casa de Pérez y hablan con él. El Sr. Crescencio le dice a Fidel que le va a ayudar con soporte alimenticios a todos, pero todo tenía estar en secreto, porque podía ser hombre muerto por los rebeldes de Batista. Posteriormente, cuando Pérez pensó que todo estaba bajo control, los batistas van a su casa que estaba localizada en la Plática, Pilón. Allí, en su misma casa, Crescencio sufre amenaza de muerte, por los militantes y le dicen, "que si ellos se enteran que él está dando apoyo a Castro y a sus revolucionarios iba ser seriamente perjudicado". De esto, Crescencio le cuenta a Castro el suceso y le dice a Fidel que él no puede continuar con su contribución. Entonces Pérez le dice a Fidel que si él va hasta Purial de Vicaca Arriva, allí puede encontrar a un señor llamado Juan Rodríquez, pero lo conocen como "Juan el sordo". Juan el sordo tiene una ganadería y su chalet está al lado de su coral. Él es un hacendado muy adinerado e hijo del alineado hacendado Mayoral Daniel Rodríquez, muy conocido por todos, él le puede ayudar por lo menos con luche-.

Después que Crescencio habla con Fidel y sus guardias, él y sus revolucionarios se marchan camino al andar-, rumbo a Purial de Vicana Arriva, en búsqueda de la granja de Juan el sordo. Castro desconocedor del terreno, se desvía de ruta y fue a parar a la casa de la hacendada señora Teresa Vargas, la granja de ella está localizada en Purial de Vicana Abajo. Castro y sus acompañantes llegan a su casa y le preguntan, "usted conoce a 'Juan el sordo'". Teresa le responde; "la finca del señor Juan el sordo colinda al otro extremo de mi finca". Castro le cuenta todo a Teresa, el antagónico suceso que curso en la casa del hacendado Pérez y de su llegada de México. La señora Vargas le dice a Castro, que ella puede cooperar con ayuda alimenticias para todos. Pero, tal soporte dado por ella, no puede llegar a los oídos de los insurgentes de Batista, porque ella obviamente también podía perecer.

Segunda, Teresa emprende su contribución favoreciendo a los Castros.

No obstante, Fidel pensó que el ejército de Batista había matado a su hermano Raúl. Porque, cuando ellos desembarcaron del destartalado yate todos fueron bombardeados por la milicia, entonces se dispersaron en dos grupos: Fidel Castro, Ernesto (Ché) Guevara, Camilo Cienfuegos entre otros cogen una vía y Raúl Castro y los restantes desesperadamente salen por otro sendero después que la milicia los atacó. Raúl y sus compañeros también deambularon por todas partes buscando refugio y ayuda de cualquier campesino que pudiera condolerse de ellos. Todos limando tremendas estresadas asperezas, entres ésos gigantescos arrabales (arboladas), de Valles, largas Mesetas rodeadas de altos Montes. Raúl y sus seguidores estaban casi vencidos y inesperadamente la cuadrilla llega a la casa de la Sra. Vargas y en su cafetal, él nuevamente se reúne con su hermano Fidel.

La ayuda o contribución alimenticia de la hacendada Teresa Vargas fue aún más angosta que la del señor Pérez. Acto seguido, tal humanitarismo por Teresa llega a los oídos del ejército de Batista. Los arcelanos de batistas van a la casa de ella y a ella también la hostigan y a la vez le advierten, que si ellos notan que sale algún soporte de su casa favoreciendo a los Castros podría ser muy fatídico para ella. Entonces, la señora Vargas le dice a Castro que no puede seguir colaborando con todos ellos. Por lo consiguiente, Teresa le dice a Fidel, vayan haber al señor Juan el sordo, quizás él le pueda dar alguna ayuda a ustedes.

Batista fue un hombre despiadado tuvo su gobierno desastroso y muy turbulento con muchos problemas políticos y económicos, y manipuló trágicamente a toda Cuba como lo hizo Fidel Castro, Gerardo Machado y el general Valerio Weygler con la cuestión de 'reconcentración' ellos usaron las formas más inhumana de torturas con la gente cubano.

Acto seguido, tercero, Juan Rodríquez estaba en la casa y cuando él vio que un grupetaje de hombres amuchilados (con mochilas) que se avecinan hacia su chalet, él sale afuera a recibir a los empobrecidos perseguidos indulgentes. Suele ser que era Castro y su milicia, todos sigilosamente se aproximan al chalet. Mi padre jamás pensó que los Castros iban estar en esa zona y mucho menos buscando refugio de él. Fidel lo saluda y le dice, "usted es Juan el sordo, "Sí soy yo" "usted conoce al Sr. Crescencio Pérez y la Sra. Teresa Vargas", él responde, "sí ellos dos son buenos amigos míos". Entonces, Fidel, una vez más le relata la anécdota a Juan el sordo, la trayectoria historia que todos habían experimentado desde que salieron de Méjico. También, le abrevia, la obstinada bienvenida que le dieron la gente de Batista al poner pies en tierra, en la casa del señor Crescencio Pérez y en la casas de la señora Teresa Vargas. Pues, él los entra al chalet para conversar con ellos. Aún más, cuando los Castros entraron al chalet, automáticamente, sin ninguna asimilación se aproxima el ejército hacia el chalet. Juan el sordo prontamente nota una multitud de guardias montados a caballos, entre el pesimismo y la esperanza oscila, y sale rápidamente a recibir a los notiriles (corta cuellos) insurgentes. Batista sabía que si Castro logra su meta, su puesto presidencial se le podía expirar.

Afuera del chalet, los militantes empezaron a cuestionar a Juan Rodríquez, "¿usted no ha visto pasar a Fidel y sus seguidores por esta zona?". Él le replica: "no" "no he visto pasar a ningún extraño por mi granja, no sabía que Castro ya había llegado de México". Los militantes replican: "sí" "sí señor, todos ellos ya están en Cuba y dicen que fueron avistados por estos alrededores". El señor Juan Rodríquez razona y rápidamente recuerda que dentro del chalet, se encontraba, su esposa Emilia Castillo Orasma, su hija mayor y dos hijos más y toda la guarnición de Fidel.

Yo soy el cuarto hijo de Juan Rodríquez Lara.

A pesar de todo, cuando los guardias se marchan del chalet, mi papá le promete a los Castros darle ayuda de alimentos a todos ellos, mientras estén en la sierra Maestra.

Juan Rodríquez Lara es un heredero de nueve hijos del hacendado Mayoral Daniel Rodriquez y Petronila Lara Alarcón.

Transcurrió el tiempo, la tropa castristas ya posesionada totalmente en la sierra Maestra, mi padre continúa dando el producto-. Uno día, sorprendentemente, los columnistas paganos de Batista, volvieron al chalet hablar con mi papá sobre los Castros. Porque fueron informados que él estaba sobornando a Fidel y a su ejército, hasta incluso lo arrestan, acusado de llevar formalmente buenas relaciones contra el enemigo invasor. Se lo llevan bajo investigación a la Jefatura de la Policía de Media Luna. El jefe de la policía le dice a mi padre, "Juan Rodríquez, usted está arrestado porque sospechamos que tiene contactos directos con Fidel Castro y sus comunistas".

En vista de, mi padre estuvo detenido una semana en un calabozo hasta que todo se aclaró, no le pudieron comprobar nada de la demanda aplicada contra de él. Él se exoneró de una muerte segura, de morir colgado de un poste o acribillado a balazos.

Mi papá da avituallamiento a los Castros desde principio de 1957 hasta 1962. Resumiendo, Juan el sordo, Crescencio, Teresa y los guajiros que también cooperaron, todos sirvieron como escudos guardaespaldas de Fidel y sus revolucionarios durante su estancia en la sierra Maestra. Los guajiros como siempre, con sus sombreros de yarey y su palabra clásica "y qué compai' que le da un toque a la melancolía de los recuerdos, en los tiempos de la guerra Castro-Batista entre otras. . ., aún todavía se puede oír echos de llantos extraños en las montañas por las ráfagas de fuegos de municiones incrustadas en sus laderas, derivado de los cañonazos y de las bombas que han sufrió en los tiempos de combates. A pesar de todo, hermosos y tristes recuerdos en las montañas y el chalet, ambos tenían esa vejez señorial otoñal y dorada que envolvía los campos húmedos y sangrado por la constante lluvias de fuego. Bajo el cielo límpido de un azul heráldico, los campos reverdecido venerables parecían tener el ensueño de una vida agitada. La caricia de la luz temblaba sobre los árboles, huellas ideales y quiméricas como si danzasen invisibles marionetas ... las hojas comenzaban a marchitarse en la versallescas llanuras por los azotes de los balazos que recibieron y mirtó y exhalaban ese aroma indeciso que tiene la melancolía de los recuerdos de los juegos de guerra. Los arrabales murmuraban en la fuerte brisa rodeado de lomas y el murmullo de las municiones parecían difundir en la sierra un pacífico recogimiento de abandono.

A pesar del apoyo abrumador del hacendado Crescencio Pérez, la hacendada Teresa Vargas y el hacendado Juan Rodríquez más conocido como 'Juan el sordo' directamente hacia los Castros entre otros campesinos. Castro nunca tuvo el coraje de mencionar nada sobre dichas contribuciones en su historia, de cuán generosos fueron los primeros tres portadores de alimentos. Sin embargo, Fidel cobardemente oculta todo, pero en agradecimiento para con ellos, le conmemora una "Medalla de Conmemoración" a los hacendados que le ayudaron a escapar de la muerte. Es pertinente agregar, lidiar con

Fidel Castro y sus revolucionarios, a pesar de todo, no fue muy fácil que digamos.

Sucesivamente …mientras, en las ciudades, el sabotaje creciente, las publicaciones secretas fue impreso y distribuido, los enlaces fueron vendidos, los brazos y la munición encontró su manera a la plaza fuerte rebelde.

Del principio de luchar, la resistencia y las ayudas civiles a los rebeldes trajeron represaría cada vez más violentas de los militares en las áreas rurales y por la policía en las ciudades. El ejército bombardeó las chozas de los campesinos, usando bombas incendiarias. Su propósito eras despejar el áreas de la Sierra Maestra y sus alrededores de modo que los rebeldes perdieran toda la esperanza del mantenimiento y de la ayuda. Tampoco el bombardeo ni colgar diario del campesino y de quemar sus chozas tuvo éxito en cortar a los rebeldes apagados de la ayuda, con lo cual Batista recurrió a la misma medida terrible que el general Valerio Weygler había utilizado en la guerra de la independencia; reconcentración. Enfermo, forzaron al morir de hambre, los guajiros descalzos y sus familias, casi representando mitad de la población campesina de la provincia de Oriente, de la tierra y en las ciudades y las ciudades próxima a ponerse en cuclillas en las aceras tal era la Cuba interior y exterior inspirada revolución de Batista, algunas semanas más adelante poder para revocar la orden; pero de nuevo hacia atrás una vez en sus chozas, los campesinos continuados para ser acosado y para ser bombardeado. Batista obtuvo esas bombas de incendio, así como casi todo el resto de su equipo militar, de la unión Estado-en el interés de la "defensa hemisférica". Protestaron en inútil. Presentaron pruebas e incluso publicaron una fotografía de un plano cubano del ejército que era cargado con las bombas en la base americana en Guantánamo-a ningún en vano. Era sólo a pocos meses antes de la caída de Batista, cuando el costo en las vidas humanas de la lucha contra el dictador ascendió a aproximadamente veinte mil, que los E.E.U.U. el gobierno finalmente fue prevalecido sobre para continuar en vender de él los materiales de la guerra.

En las ciudades, barbarismo prosperó. Eleuterio Pedraza, el supresor de la huelga general a marcha de 1935, era detrás-esta vez en el timón del ejército. Despúes que la huelga de marcha él había dirigido un golpe de estado contra Batista; cuando el atento falló, él había entrado en exilio. Ahora, con la parte posteriora de Batista y en la necesidad de tales hombres para asesinar otra vez a cubanos en formado, reconciliaron. (Los asesino siempre regresan, para matanza es su solamente habilidad. Son como el Tiburón que ha probado sangre humana). Decenas de cada revelado de la salida del sol de cadáveres que cuelgan de los árboles o de la mentira de la lámpara arrogadas de cualquier actividad políticas, la hermana de Giralt, ferozmente en su hogar en La Habana, sus gritos que sonaban aunque los vecinos mientras que las estropearon a la muerte. Los métodos más barbáricos de tortura, no excepto la castración, eran incidentes diarios en las comisarías de policías, donde los gemidos de una generación entera de juventudes fueron oídos como fueron torturados por la información, o para ayudar al movimiento revolucionario. (un tal edificio llegó a ser tan infame después que la victoria estaba dando vuelta abajo a la piedra por la piedra). Y el viejo sacerdote de un suburbio de La Habana murió como resultado del golpeo que él recibió de la policía.

Cada clase social, cada grupo ocupacional participó en el movimiento revolucionario. Los sacerdotes y trabajadores de los tractores, de los profesores, de los abogados, de los doctores, expertos e inexpertos engancharon a resistencia o a unido cívica los rebeldes en las montañas: Si las clases medias y profesionales contribuyeron en la mayoría, muchos de los ricos también ayudaron, con el dinero, productos que poseían, y el abrigar los revolucionalistas deseado por la policía. Individualmente el funcionamiento nos condiciona también en Cuba el mayor de América latina. Si no podrían hacer mucho mientras que era una unidad el porque sus uniones fueron controladas por los hombres en la paga de Batista y no había cuerpo para organizarlos. Los líderes del M26-7 no sabían para organizar en el nivel de la clase obrera, y los comunistas, que lo hicieron, mantuvieron un motín del "movimiento burgueroso" hasta los seis o siete meses pasados, cuando comenzaron a ver que recolectaba ímpetus. La lucha había podido ser cortada considerable si los comunista hubieran cooperado en las dos ocasiones que Fidel llamó para una huelga general. Pero no, y ambas huelgas fallaron.

Los grupos sin relación al M26-7 era activos en la revolución. Dirección revolucionaria, por ejemplo, además de hacerles ataque suicida contra el palacio presidencial, establecido su propio frente en la sierra del Escambray. Y si el M26-7 en los Estados Unidos podría conseguir a varías expediciones a través de Cuba a pesar de la vigilancia del tío "Sam", estaba particularmente gracias a las donaciones hechas por Carlos Prío, que tenía un miembro del partido político llamado el partido revolucionario cubano (los auténticos). Los esfuerzos de Prío en nombre de la revolución, incidentemente, fueron detenido en la manera ignominiosa (le pusieron unas manillas (esposas) y los hicieron caminara la comisaría de la policía) en Miami. Esta acción costó a los Estados Unidos el prestigio en América latina.

Sin toda esta ayuda de las diversas clases y de los grupos organizados de la sociedad cubana; incluyendo a Crescencio Pérez, Teresa Vargas y Juan Rodríquez conocido como "Juan el sordo". Fidel nunca habría podido ganar su lucha. En contraste con Batista bien-equipado, el ejército bien-provisto de treinta y cinco mil hombres, la fuerza rebelde no el tiempo numerado más que mil. Por otra parte, Fidel habría ganado mucho más rápidamente si Batista no hubiera tenido la ayuda moral y material de los Estados Unidos. Con una guerra corta, la figura de Fidel Castro nunca se habría hinchado muy probablemente a las dimensiones gigantescas que adquirió en la proporción mientras que la gente cubana sufrió y se desesperó. Fidel era solamente uno de los factores en nuestra vida national. No fue el país entero. De nuevo, los Estados Unidos están pagando el precio de su corta- visibilidad.

****

Fidel estableció disciplina entre sus hombres. Cualquier rebelde que él considerara ser un informador sería ejecutado. Pero el rumor era persistente entre los reclutas más últimos. Oyeron solamente estas cosas más adelante, mientras que Fidel estaba en la Sierra Maestra, solamente sí mismo terrible en flexibilidad, la obsesión para los brazos y los militas que tenían todo, y esos uniformes verdesaceituna hicieron a muchos de ellos que tuvieron miedo al movimiento que pudo degenerar en algo de una naturaleza-fascística "Camisa Verde-Aceituna". Mucho el intelectual cubano, mientras que descubrieron, compartió su ansiedad.

En las órdenes de Fidel, sin embargo, no se ejecutó a ningunos presos militares siempre. Pero fueron liberados en lugar de otro. Esta política ganó para una reputación de la generosidad y de la movilidad en guerra que y ánimada a tropas de oposición para rechazar luchando contra-. Mientras que se encendió el tiempo, Batista soldado-y el oficial compensador a abandonar en número de aumento. Pues un Fidel preocupado tenía las calidades espectaculares necesarias para capturar la imaginación de la gente. Además de su valor, él era comandante astuto. Él tiene un regalo a la astucia notable donde el fomentar de sus punterías se refiere. Él engañó una vez a Heribert Mathews en el pensamiento del ejército rebelde más grande que fue. En un momento en que él tenía solamente setenta hombres, él tomó a Mattews más allá del grupo de los hombres que funcionaron inmediatamente a través de cortes cortas para reaparecer en otra parte de los bosques, cambiando un sombrero o una camisa mientras que funcionaron. (Fidel hablando de eso en el almuerzo de último del club de la prensa en Nueva York). Pero su calidad más exceptional es su intuición.

Los que lucharon al lado de él en la sierra han dicho a mucha gente cómo, yendo a partir de un lugar a otro en el centro de los bosques, él partiría y diría repentinamente, "Ningún-uno directo allí". Cambiarían la dirección e ir por haber encaminado alrededor-sobre, y aprenda luego que cerca de esos mismos lugares estaba Fidel había parado-"como si estuviera madera encendiéndose", sus camaradas dichos allí había sido enemigo varías veces. Sea la intuición, magía, una "estrella afortunada", o lo que, hay una calidad en el hombre que lo calienta de peligros y que los hombres de atraerlo a él-e igual, el parecer, pájaros. Cuando él incorporó el campo miliar de Columbia por primera vez, después de la caída de Batista, y hechó su primer discurso de Cuba, una multitud de palomas afuera dejada en el aire como símbolo de la paz y de la libertad. Las palomas volaron alrededor de él y entonces una se aposentó en su hombro y permaneció ahí durante el amplio discurso entero. (él apareció después de eso en tarjetas postal y en pinturas con la paloma en su hombro).

El incidente extraño era repetir-y esta vez muchos testigos de la gente él durante su visita a Washington en abril de 1959, cuando él visitó el monumento de Lincoln. Fidel estaba parado por un rato en la contemplación silenciosa delante de la estatua de ese gran americano para quien él lo dijo siempre que tenía el estímulo más grande. Entonces de un parque vecino un número de palomas volaron hacia el monumento, y una de ellas se colocó en el hombro de Lincoln, exactamente lo mismo que hizo la otra la que estaba en el campo de Columbia. Los fotógrafos cubanos, teniendo testificado la ocurrencia dos veces y en tal lugares totalmente diversos, estaban asombrados.

Contra tal magnetismo personal no hay, a primera vista, resistencia posible. Ha causado a muchos escritores y periodistas extranjeros que se entrevistaban con lo que se convirtiera en fidelistas rabiosos.

Uno primero fue un fidelista, y un-uniforme muy sincero después de que las anteojeras salieron de mi ojo-porque del afecto, de la estima, y de la simpatía que concebí para este nombre, sin quien, finalmente, ser un atlas, continuado sí mismo llevando a hombros un mundo que era demasiado grande para ellos. Ese mundo era bastante pesado cuando implicó la dirección del movimiento del anti-Batista; creció incluso más pesado cuando representó la gloria y la adoración tan completas como él sabe; y se estalló a la tierra con la adición de la carga más pesada de todos para todos para el hombro de un guerrero-paz. Fue después de que el atentado segundo de Fidel para iniciar una huelga de la ayuda salió que la serpiente comunista su ayuda al movimiento. Esto fue en mayo de 1958. Mientras tanto el luchar se encendió. Pocas batallas fueron luchadas en las montañas. El ejército nunca ocasional. Los rebeldes descendieron a veces para buscar los brazos para la munición. Habían frecuentes escaramuzados, y en ocasión tres o cuatro manejan sorprender un correo provisional del ejército y llenar su arsenal escaso.

En la caída de 1957 había un motín de la marina en el puerto de Cienfuegos. La gente de ciudades ensambló en la rebelión, y declaró su lealtad al movimiento revolucionario. Entonces Batista tenía la ciudad bombardeada, y limpiaron a una parte grande de la población hacia fuera. El número de los precios de muertos nunca fue determinado, para el ejército, usando niveladoras, enterrándolos rápidamente como en zanjas abiertas.

Hacia finales del 1958, los cienfuegueros de (Ché) Guevara y de Camilo fueron abajo de la Sierra Maestra con un grupo de hombres y, repitiendo la parte del rastro histórico de la ruta de la invasión por "el Titán" en la guerra de la independencia, consiguieron hasta Santa Clara, la capital de la privincia central de las Villas. Entraron en la ciudad el día de Navidad Batista pidieron que la ciudad fuera bombardeada, pues él lo había hecho años anteriores a Cienfuegos. La parte de una ciudad fue destruida otra vez. Pero Batista lo sabía todo sobre eso. Sus soldados y oficilaes abandonaban en grandes números. La ayuda americana había sido continuada oficialmente. El sabotaje era extenso. Su tiranía fue odiada a través de la isla. Había cuatro frentes rebeldes que acosaban su ejército de disminución, entusiástico de plazas fuertes más allá, en la sierra Maestra, la sierra del Escambray, la sierra Cristal, y Pinar del Río. Él ahora hizo lo que Jefferson Caffrey no lo había dejado hacer en la huelga general de 1953, durante su primera dictadora: él huyó del país. Él dejo las rienda del gobierno en las manos de una junta. Pero la junta era predestinada gobernar solamente algunas horas, en Santiago de Cuba, presidente inmediatamente ha declarado de Fidel Castro, Manuel Hurritia de la república. Manuel Hurritia, como uno del magistrado en el ensayo de un rebelde joven capturado después del asalto del Moncada, en 1953, había dicho en su decisión: "la tiranía de Batista es legítima, y no se debe castigar". el rebelde era Fidel Castro. Por lo tanto, Castro es un ícono en Cuba y para el mundo.

****

Batista tomó el refugio en la República Dominicana, con su colega, Trujillo. Él se fue detrás de un país arruinado económicamente, con un tesoro de la Hacienda era prácticamente, vacío. Se estima que la cantidad era de $600 millones de dinero del país.

En el día que Batista bajó, Fidel-para qué razón lo hago saber-no llamado para una huelga general. Estaba posiblemente para demostrar su energía. O puede ser, pues es una de las particularidades de Fidel que él era siempre hallazgo una cierta manera "incluso la cuenta", ésas él que pensaba en los dos que él había pedido una huelga en inútil. El trabajo parado-duró tres días, y en vez de vigorizar el país, lo paralizó. Qué satisfació el nuevo "líder máximo" puede haber derivado de ella, no puedo imaginarme. En el extremo y tuvo que convocar la huelga apagada, como resultado de las instalaciones exigentes del clamor popular para las celebraciones.

En Fidel en frente de la caravana triunfal alcanzó La Habana. Su primer discurso, en su momento en el cual la aclamación de la universidad lo rodeó la adoración y, fue frecuentado extraño con muerte. En ese discurso, con la paloma posada en su hombro y no habituado la convergencia sobre él de un tronco de la cara venerable. Él como nombró su hermano como su sucesor. Estaba como si sus pensamientos fueran persistente, no en el reparto de la cual él se había presentado. Pero en la muerte sí mismo.

CAPÍTULO SEIS

CUBA EN 1960

Cayendo entre 19o y 24o latitud norte y 74o y 85o a lo largo del oeste, está la isla de Cuba, y la república de ese nombre ocupa esa área de la isla y está rodeada de varías miles de islas pequeñas. El área total de todos que ascienden a 44.218 millas cuadradas. Según el censo del 1953, la población era entonces 5.829.029. Era estimado en 1958 en 6.466.000. La Habana es la capital, a la cual el censo de 1953 atribuyó una población de 785.455, así como 219.278 a Mariano y 32.490 a Guanabacoa, ambas ciudades suburbanas colindan la capital. Santiago de Cuba tenía 163.237 habitantes en 1953. Camagüey 110.388, de Santa Clara 77.398, de Guantánamo 64.671, Matanzas 63.916, de Cienfuegos 57.991, de Holguín 57.573, de Pinar del Río 38.885 y Santic Spiritus 337.741. Habían ochos otras comunidades con las poblaciones en el exceso de 25.000, según el censo de 1953. En aquella época, el 75% de la población vivieron en ciudades y ciudades grandes y el 43% en aldeas pequeñas y área rurales; y el mismo censo divulgó que eran 72.8% de la población como blancos, 12.4% como afroamericanos, 14.5% como mezclados y 0.3% como asiáticos.

En la semana del cierre de 1958, la ayuda del Presidente Fulgencio Batista se parecía que se estaba derritiendo, incluso aunque mucho del ejército seguía siendo leal, a pesar de que la carencia de las suficiente municiones que el gobierno había experimentado después de que los Estados Unidos impuso un embargo antes la exportación de las armas a las montañas del este de Cuba se convirtió un ejército victorioso, luchando batallas echadas con el equipo moderno amplio adquirido repentinamente de una cierta fuente extranjera. General Batista abandonó la presidencia el 31 de diciembre de 1958, y voló a la República Dominicana, a pesar del hecho de que él había estado en malos términos con el gobierno de ese país en años recientes. El 20 de agosto, Batista voló a Portugal, asegurando el permiso para vivir en Madeira.

Bueno cuando Batista traspasó su poder al comandante en jefe, General Eulogio Cantillo, el último restableció un gobierno provisional dirigido por el principal de justicia Carlos M. Piedra, General José E. Pedraza y sí mismo. El líder rebelde Fidel A. Castro rechazó ocuparse de esta junta y dos días después su primera columna entró a La Habana bajo el comando de Ernesto Ché Guevara, un estudiante Comunista de medicina nacido en la Argentina, por mucho tiempo asociado con Castro y sus cubanos, aventura centrales americanas y colombianas. Un nuevo gobierno provisional fue establecido, el 2 de enero de 1959, con Manuel Hurritia Lleo como presidente y Fidel Castro como primer ministro.

Las detenciones, a través de Cuba, unos de los primeros y significantivos actos que compensaron del nuevo régimen fue que debería conferir sobre Guevara los estatutos del cubano nativo-llevando para hacerlo elegible para cualquier puesto, incluyendo la presidencia. Durante 1959 Guevara presidió prisiones militares, ordenó los viajes extensos de cortes-marciales, y hecho de Asia, de Àfrica del norte y de la URSS, para negociar ostensiblemente la venta del azúcar y para asegurar los créditos para el gobierno cubano.

Aunque el programa anunciado en varías ocaciones por Castro había acentuado la urgencia de una elección de un congreso y de un ejecutivo inmediato, honesto, tan pronto como estuviera el poder él indicó que podrían las elecciones espera indefinitivamente. Las visitas triunfantes a los países vecinos fueron improvisadas. Él voló a Caracas, Venezuela, por algunos días e hizo profetas arrebatadoras de la realización temprana de una revolución proletaria a través de los americanos. Los Estados Unidos llegaban a ser críticos de Castro que procedía a Wahsington, D.C., en donde él invitó a la secretaria del estado y a comité del congreso e hizo largos discursos. Cuando fue preguntado si le habían cotizado exactamente como siendo dicho que Cuba sería neutral en cualquier competencia entre el este y el oeste, contestó evasivamente del efecto de la manera que Cuba fuera pobre, y no tuviera ni las tropas ni armas.

Cuando la ayuda financiera de los Estados Unidos no era próxima, Castro dio vuelta a la expropiación, al control de préstamos, nuevo y más pesado forzados de los impuestos y de intercambios. Un programa de la expropiación de todos los hacendados que excedían 1.000 acres, sin importar la nacionalidad del dueño, fue escrito en un decreto de la "reforma agraria" promulgada y el 4 de junio de 1959, como parte de la constitución de un geográfico asociado al comunismo por mucho tiempo con Latinoamericano, Antonio Nuñez Jiménez; fue autorizado para pagar por las tierras asumidas el control en 20 años de enlaces, inconvertible hasta la madurez, pagando el interés del 4% y usando solamente valvaciones del impuesto como la base para el pago. Los Estados Unidos protestan el 11 de junio. Cinco miembros del gabinete cubano dimitieron el día siguiente. Cuba contestó que la ley era una final y la decisión soberana y sus condiciones no serían modificadas.

Desención en su administración debido al choque a la unión como primer ministro el 17 de julio; él declaró que él no podría trabajar con el Presidente Hurritia, aquien él caracterizó como traidor. Una demostración prole-agraria demandar al regreso de Castro que tenía previsto para afectar dándole un endorso popular en su resistencia al "imperialismo extranjero alegado". Hurritia fue forzado dimitir y colocado bajo detenciones, siendo substituido el mismo día por Osvaldo Dorticós Torrado como presidente.

Muchas defecciones ocurrieron durante el año, incluyendo el jefe de la fuerza aérea, Mayor Pedro Luis Día Lanz. Cada uno de ésos fue compensado por un "ataque alegado" del estranjero, o el descubrimiento alegado de una nueva "conspiración". Por octubre, las sublevaciones genuinas ocurrían esporádicas en Pinar del Río, lo más remoto hacia el oeste de la provincia de Cuba, así como en las provincias centrales.

A través de 1959, la condición económicas de Cuba deterioró rápidamente. Los auspicios privados de la construcción y el desempleo declinaron escarpados. La caída en precios del mundo del azúcar, el tabaco, el cacao y otros productos cubanos todavía hicieron materias peores. El acto de asir característica de propiedad en el nombre de la ley sobre la reforma agraría continuaba a través del otoño de 1959. Después de que el matador de los E.E.U.U. volviera a Washington en septiembre para una estancia indefinida, y se haga evidente que pudo haber dificultad considerable en resolver una extensión de la colocación bajo el acto del azúcar de los E.E.U.U. (debido a expirado el lro de enero de 1961) por el que Cuba hubiera sido asegurada virtualmente de una mitad del Mercado de azúcar en los E.E.U.U. y anuncia la formación de la confederación Americana latina de trabajadores revolucionarios.

Educación-en 1953 había 7.560 escuelas primarias con la inscripción de 699.610 y 18.419 a tiempo completo y 6.763 profesionales por horas: 129 secundarias, 30.736 estudiantes; 48 escuelas técnicas 10.230 estudiantes. Las 4 universidades tenían 19.842 estudiantes y 711 miembros de la facultad. Según el censo de 1953, 23.6% de esos 10 años de edad y el excedente eran analfabetos.

Según ese censo, cuando Fidel Castro nota que casi la mitad de la población del país era analfabeta, da inicio a alfabetizar a toda Cuba. Se fundó una Brigada columnista educativa llamada "Los Brigadistas" La Brigada de Conrado Benítez, Conrado Benítez es un gran compatriota y luchador por la paz y la libertad de Cuba durante la Administración de Castro. Esta organización educativa se encargó del alfabetizar toda la nación entera ordenada por Conrado Benítez. Los brigadistas fueron a todas partes urbanas y rurales con un sólo propósito a educar a todos aquéllos que no sabían ni leer ni escribir, para esa actualidad.

Posteriormente exitosamente los Brigadistas forjaron una magnifica obra educativa para con todos los habitantes analfabetos del país. Una décadas después, hubo un censo y dicho reportó en el Atlas mundial, que Cuba escalonó un rango muy elevado en la educación 98.9% por ciento; en la actualidad es el país más alto en el mundo que la población de la República de Cuba, sabe leer y escribir, y se ha mantenido así entre todos los países del mundo, en el primer lugar en el campo educativo, principalmente en la medicina. Por lo menos éste gran compatriota de Castro, Corrado Benitez hizo algo acogedor en el campo de la educación, para que todos los habitantes avanzaran en la educación y todos pudieran progresar.

Finanzas. -la unidad monetaria en el Peso enclavijado oficialmente en la igualdad con los E.E.U.U. dólar pero vendido en un descuento en le Mercado libre durante las mayoría de 1950. El crédito del gobierno en el año fiscal 1958-59. (lro de julio - 30 de junio) sumó $403.647.027. Según figuras oficiales, la deuda pública sumó $788.138.500 el 31 de diciembre de 1958; además, las aplicaciones en enlace el casi-gobierno sumaron $433.000.000; depósito de demanda, $585.000.000. La renta national en 1959 era estimada en $2.140.000. El índice de costo de la vida (La Habana) parado en 100 en julio de 1958 (1958-1000).

Comercio y comunicaciones. -las exportaciones en 1958 sumaron $733.518.989. Las exportaciones que conducían eran el azúcar cruda y refinada (el 76%, tabaco y los productos (el 7%), la melaza (el 4%) y el mineral (el 4%). Los clientes principales eran los E.E.U.U. (el 67%), Japón (el 6%), el Reino Unido (el 5%), España (2%), y los Países Bajos (el 2%); fuentes que conducen, E.E.U.U. (el 70%), el Reino Unido (el 3%), Canadá (el 2%) y la India (el 2%).

Capítulo Siete

Cuba en 1962

Ocupando la isla más grande de las Antillas mayores de Indias del oeste, la república socialista de Cuba cae cerca de 130 millas directamente del sur de la extemidad de la Florida. Cuba es un miembro de la organization de estados americanos. Presidente en 1961, Osvaldo Dorticós Torrado; primer ministro. Fidel Castro.

Historia-en un discurso el lro de mayo, el primer ministro Castro eligió entusiasmático el bloque soviético y después se encendió a proclamar establecimiento oficial de Cuba como estado socialista. En relaciones internacionales, el año comenzó con una rotura final en relaciones del cubano de los E.E.U.U. el 2 de enero Castro exigió que los E.E.U.U. el personal de la embajada en La Habana se reduzca del 300 a 11, el número de funcionarios en la embajada cubana en Washington. Realmente, había solamente 87 E.E.U.U. funcionarios en Cuba (el resto que son cubanos localmente empleados) mientras que casi 100 funcionarios cubanos proveeron del personal de la embajada cubana y 29 consulados en los E.E.U.U. 3 de enero, presidente Eisenhower, los E.E.U.U. interrumpió las relaciones en Cuba.

Mientras tanto, las relaciones cubanas con el resto del hemisferio experimentaba casi tanta tensión. El 2 de enero Uruguay expidió a embajador cubano. Castro, en un discurso hecho el 11 de febrero, declaró su intención de intensificar propaganda revolucionaria a través de América latina. En marcha el presidente de Venezuela admitió que las relaciones de su país con cubano eran cordiales. Que el mismo mes, Alberto Gainza Paz, redactor de la importante Prensa del periódico de Buenos Aires, escribió que aunque el castrismo era doctrina muerta en Cuba, los cubanos que la sufren en la carne, el resto de la gente americana debe estar parado listo a defender de sus ataques inminentes.

Las relaciones cubanas con el bloque soviético crecieron más unidas. En enero, las relaciones diplomáticas fueron establecida con Vietnam del norte, Albania, Mongolia extensa y Hungría. En febrero 16 el gobierno cubano anunció un programa de la ayuda técnica de Checoslovaquia que consistía principalmente, él hizo más adelante evidente, del entrenamiento de los oficiales y de los pilotos cubanos del ejércitos. En marcha los alcaldes de Pekin y de La Habana intercambiaron visitas oficiales. En asuntos domésticos, el programa de la intervención y entonces incautación absoluta tenía para el final de 1960 repetidos un soplo de la muerte a la empresa privada en Cuba, excepto en el nivel de deducible fue terminada. En mayo la incautación para los clubes sociales y otros privados restantes fue anunciada.

La ofensiva del régimen contra la iglesia católica, lanzada en 1960 por Castro con un ataque violento el Arzobispo de La Habana y el aviso de planes expeler a sacerdotes extranjeros, continuó en 1961. En febrero, siguiente discurso del presidente Dorticós que cargaba escuelas religiosas en Cuba con la enseñanzas de preceptos contrarrevolucionarios, la mayoría de las escuelas católicas en el país fueron intervenidas. Por junio pocos sacerdotes extranjeros permanecían en el país y todas las escuelas privadas habían sido tomadas. También en la educación, una suspensión de las actividades de la escuela por año, a partir de abril engenderon fue decretada en orden, presemiblemente, para permitir a los jóvenes de la ciudad que habían tenido una educación para enseñar a niños campesinos.

Mientras tanto el gobierno reorganizó su rama ejecutiva. Los varios ministerio de la industria, en gran parte en el patrón de los sistemas del gabinete del bloque-Soviético. Los ministros Ernesto Ché Guevara de la economía también anunciaron la inauguración de un plan de cuatro años de la industrialización. Otras medidas económicas y sociales incluyeron: aplicación nuevo billete sin reservas del dólar para moverlo hacia atrás y la construcción de otras instalaciones turísticas y de varios cómplejos de viviendas para los trabajadores; el último había tenido sus derechos a callar la huelga y su renta reducida por deducciones.

En 1961 temprano el éxodo de Cuba alcanzó proporciones importantes. El gobierno hecho frente con el aumento del desempleo evitado renuente de cerrar las puertas de la salida. También aumentaba muerta de la insurrección abierta. En la sierra del Escambray, una área montañosa en la parte sur cental de la isla. Allí eran según se informa tanto como 1.500 rebeldes. Sin embargo en varías ocaciones que el régimen había anunciado la captura de los disidentes, en enero cerca de 10.000 de la milicia de Castro lanzó un esfuerzo importante de estamparlos hacia fuera. En ciudades las organizaciones clandestinas intensificaron sus programa del sabotaje. Del resorte Castro aumentó sus fuerzas de la milicia aproximadamente 250.000 hombres. Él anunció el establecimiento de los comités para la "defensas de la revolución", grupos de rebeldes para adoctrinar a los niños de una edad de 7-a-13-años y para entrenarlos en la dirección de armas. Una más vieja juventud había sido incluida ya en la asociación. Y a las importaciones de los materiales de la guerra de los países comunistas para aumentar.

Al exterior, las muchas organizaciones del exilio fueron de los cubanos que moviliza sus recursos. En marzo 23 un acuerdo de principio entre los dos frentes principales anti-Castro fue anunciada en Washington. Diferencias Idiológical entre ambos grupos, sobre todo en vista de los problemas sociales y económicos de Cuba después que el derrocamiento de Castro, hubiera sido resuelto revolucionario nacional. Por este tiempo los E.E.U.U. y la prensa Latino-Americana había publicado informes sobre el operacional y las bases del entrenamiento con las cuales los grupos exiliado habían establecido, según todas las muestras, la ayuda de los Estados Unidos.

El 12 de abril, presidente John F. Kennedy indicó las fuerzas de Estados Unidos bajo ninguna circunstancia intervendría en Cuba. El 15 de abril fue anunciado que tres aviones B-26 pilotado por los cubanos del anti-Castro habían bombardeado aeropuertos militares cubanos. José Miro Cardona, presidente que aterrizaba a las tropas en la provincia de Oriente. El 17 de abril la invasión fue confirmada, pero en otra bahía del sitio-de Cochinos en las costa sur-central. Cerca de 1.500 hombres estuvieron implicados en el aterrizaje, con las armas escasas y ninguna ayuda del aire. La fuerza invasora tenía éxito momentáneo y los tranques de Castro más adelante y los aeroplanos, también como la carencia del invasor de municiones, enseguida cambiaron el curso al contrario. La entrega total del cuerpo invasor fue anunciada varios meses más adelante.

La participación de los E.E.U.U. en la fase de organización de la acción rebelde despertó unas reprecausiones mundiales graves. Cargas de Castro de los E.E.U.U. dentro del bloque neutral. En el otro tema, la organización cabana decepcionada en exilio era crítico del papel central de la agencia de inteligencia en planear la invasión para no hacer caso de las contribuciones potenciales de organizaciones clandestinas en Cuba y la falta de proveer la ayuda del aire a la operación.

En mayo, como el consejo revolucionario rompió su relación, interés del mundo concentró un inter campos propuesto del tractor para invasor-presos de Castros aproximadamente 1.200. La administration de Kennedy aprobó el plan y un comité de los E.E.U.U. probados. Formaron a los ciudadanos para levantar fondos y para tratar de Castro sobre los detalles de intercambio. Castro envió a los Estados Unidos a delagación de diez de los presos a la charla con el comité. Dentro de algunas semanas, sin embargo, las conversaciones analizar en la cara de las demandas crecientes y de su insistencia de Castro que los tractores se deben redimir considerado que los E.E.U.U. deben repararlos.

En junio, las actividades de organizaciones clandestinas en Cuba. Prácticamente en la semana después de la invasión, ganaron nuevo ímpetus. El 30 de junio la explosión de varías bombas en La Habana fue divulgada. Mientras tanto, la detención política en Cuba alcanzó un total de 200.000 en la estela de la invasión, y el régimen fue forzado improvisar centros de concentración en clubes, hoteles, otros edificios públicos.

El 24 de julio el secuestro de un avión de pasajeros de los E.E.U.U. por un residente cubano-llevado de los Estados Unidos, que forzó a piloto volar a La Habana, creó un nuevo alboroto internacional, agravado por tentativas subsecuentes en la piratería por aire y por el secuestro exitoso de otro avión de pasajero el 9 de agosto de un pasajero argelino francés. En este último caso, el avión incluido entre sus pasajeros iba el ministro extrajero Tubag Ayala de Colombia, crítico elocuente de pasajero extranjero del régimen cubano. Liberaron el avión y a sus pasajeros varías horas después de su aterrizaje en La Habana.

El problema cubano calculó prominente en agosto en Punta del Este.

Uruguay, donde el consejo económico y social Inter-Americano llevó a cabo una conferencia sobre manera de hacer frente al desarrollo inferior económico en América latina, Guevara representó el gobierno de Castro, él era no solamente un centro impotante de la atención pero también podía hablar en la amplietud con varías figuras dominantes en la conferencia. Antes de salir de Uruguay, él incluso tenía una conversación informal con todas las conferencias que él visitará la Argentina, en donde él tenías varías reuniones políticas entre ellas una con el presidente Arturo Frondozi. En su parte posteriora de la manera, presidente Janio Quadros lo recibió, que le concedió la decoración más alta del Brasil en su estela él dejo una situación política turbulenta. Había una rebelión procurada contra Frondozi en la Argentina y una crisis de gabinete que produjeron la dimisión del Ministro de Asuntos Exteriores Adolfo Múgica. Presidente Kennedy con dolores especiales para explicar que la entrevista de Goodwin con Guevara de ninguna manera significó una E.E.U.U. nueva actitud del apaciguamiento de Cuba. Y en el Brasil fueron varios días más adelante la recepción, Quadros dimitido repentinamente.

En el extremo del año la colonia exilio cubano en los E.E.U.U. tres grupos importantes incluidos. El consejo revolucionario, bajo la dirección de Miro Cardona, se había recuperado considerablemente del fiasco de abril y había integrado con él varías organizaciones. Este frente, de la calidad de miembro se extendió políticamente medio-del-camino a conservativa, fue juzgado para gozar de la ayuda más grande de Washington. El movimiento revolucionario de la gente (MRP) que se había roto lejos del consejo después de la invasión, sufría de contrastes de pareceres entre su dirección clandestina cubana y ése en exilio. Su figura principal en exilio. Manuel Ray, era fuerza para dimitir su posición como coordinador. Sin embargo, el MRP, un izquierdista y el grupo reformar-importado, con sus cuadros clandestinos disciplinados en Cuba, seguían siendo una fuerza vital. Un tercer grupo que estaba formado detrás del presidente anterior Carlos Prío por las figuras políticas diversas de Cuba más allá de él, incluyendo el partidario alegado anterior de Fulgencio Batista.

En diciembre, como Venezuela, Colombia y Panamá finalmente rompieron sus relaciones con Cuba, gobierno Latino-Americano se parecían caer en dos grupos vagos definidos con respecto a Cuba. Un cierto gobierno se sentía amistoso hacia el régimen de Castro, temió la reacción popular a una política de Anti-Castro o se sentía que las medidas contra el régimen de Castro pudieran crear un precedente dañoso al principio sin ninguna intervención. Otros gobiernos o consideraron en el peligro del animista de Castro a su propia seguridad, mirando la pregunta como no ha implicado el derecho de Cuba del régimen de Castro de él sí mismo-determinaciones-que no tenía ningún popular legítimo mandato-o, en cualquier caso, pensando que Cuba representó un peligro a las naciones de los americanos que tuvieron que ser hechos frente específicamente con la organización de estados americanos. El 1-2 de diciembre Castro admitió que él había sido un Marxista-Leninista convencido puesto que sus días del estudiante y había ocultado este hecho para agarrar energía y consolidaría. Algunos días más adelante, una oferta por Colombia para convencer una conferencia especial sobre la materia cubana en enero de 1962 era aprobada en una OEAs reunión en Washington.

En el extremo 13 del año las repúblicas americanas fuera de 20 no mantuvieron relaciones diplomáticas con Cuba. En el mismo tiempo, Cuba había establecido relaciones diplomáticas con cada uno al gobierno del bloque-Comunista, excepto el de Alemania del este, con la cual, sin embargo, había firmado los acuerdos comerciales y culturales.

Capítulo Ocho

Cuba en 1963

-el cuarto año de Fidel Castro en el poder, 1992, era un aislamiento de aumento para el régimen cubano. Este proceso se convirtió primero en el diplomático, entonces, en áreas militares, con el bloque limitado de los Estados Unidos de la isla.

Acción de OEAs. -en enero la octava conferencia inter-Americana del Ministro de Asuntos Exteriores, llamada por la organización de estados americanos para tratar específicamente de Cuba, fue llevada a cabo en Punta del Este. Uruguay. Muchas especulaciones en E.E.U.U. la prensa tenía procedido el acontecimiento, ambos en vista de la conveniencia de perseguir un curso diplomático que arriesgaría una fractura grave de la nación americana sobre sanciones de votaciones contra Cuba y en vista del resultado real de tal voto y el patrón de la alineación de cualquier lado de la posición severa de Washington.

Los E.E.U.U. la delegación, dirigida por la secretaria del decano Rusk del estado, necesitando a un dos tercios o a una mayoría 14-voto obtener el paso de las sanciones, había descontado los votos mexicanos y brasileños y se había concentrado en la ostentación de un acelerado por Uruguay, Chile o la Argentina de su "suave-línea" posiciones. Durante la segunda semana de la conferencia, sin embargo, los E.E.U.U. han parecido ser dirigido derrotado cuando siete naciones, aunque críticas de Cuba, han anunciado contra sanciones. En la víspera del cambio de Uruguay del voto a apoyar la "dura-línea" oferta colombiana llegó a ser evidente, y 30 de enero la conferencia adoptó su resolución de tres partes: (1) excluye Cuba del sistema inter-Americano en base de la incompatibilidad de su régimen del Marxista-Leninista con los principios democráticos (14) puntaje, (6) ostentaciones; (2) puesto en vigor los brazos hemisféricos embarga en las ostentaciones cubanas del régimen (16) a (14), (3) excluye Cuba de todo el procedimiento del tablero Inter-Americano de la defensa en Washington (20) a (1), Osvaldo Dorticós Torrado presidente cubano, cabeza de la delegación de su país voto disidente en cada caso.

El resultado de la conferencia, aunque granizado por la administración del Presidente John F. Kennedy, todavía fue encontrado insastifactorio por muchos en los E.E.U.U. en vista del peso fijo por las estrategias políticas de la administración en una ofensiva diplomática contra Castro. La intensidad con la cual tal curso había sido seguido no había sido compensada en la calidad en la vista de las obtenciones de varios países Latino-Americanos estaban localmente bajo fuego político debido a sus funcionamientos en Punta del Este. Presidente Arturo

Frondozi de la Argentina, intentando a sus críticos renuente y el 8 de febrero la Argentina la rotura de relaciones con Cuba fue anunciada. En Ecuador, disturbios de siguiente similares, Presidente C.J. Arosemena Monray separó oficialmente relaciones el 3 de abril.

Las consecuencias de las Naciones Unidas-Uno de Punta del Este que aislaron más lejos el régimen de Castro llegaron a ser evidentes en las Naciones Unidas como Cuba y la U.R.S.S. intentando obtener una decisión que invertiría la exclusión de Cuba de los E.E.U.U. de "interferir" en los asuntos de Cuba fue derrotado a 11 con 39 ostentaciones es un voto político del comité de la Asamblea General en febrero. Y el 23 de marzo el consejo de seguridad rechazó 7 a 4 una oferta por Cuba tener una pregunta en cuanto a la legalidad de la decisión de la OEAs en Punta del Este sometido al Tribunal de Justicia internacional. La falta del bloque neutral o de cualquier nación Latino-Americana de reunirse detrás de Cuba, en el primer caso particularmente, condujo a la especulación considerable sobre la apariencia apelación débil de Castro.

Condiciones económicas y sociales. -los Estados Unidos siguieron su victoria diplomática estrecha en Uruguay pidiendo en febrero otro ajuste de su embargo comercial 1961 en Cuba. A través de las nuevas provisiones, varando sobre todo la compra del tabaco de Cuba (así como ventas a Cuba de cualquier artículo excepto algunas medicinas y comestibles), era estimado que el régimen de Castro sería privado de crédito de cerca de $35.000.000 publicaciones anuales. Y algunas semanas más adelante, como la alianza para el progreso alcanzó su primer aniversario con un equilibrio de sobre $1.000.000 publicado en ayudas alas naciones Latino-Americana (Cuba excluída), Castro invadió los programa de E.E.U.U. en un discurso en la televisión el 12 de marzo. Él se encendió estableció racionar más resistencia de los bienes de consumo, culpándolos en el bloque económico "imperialista" que admitía sin embargo también "errores" de parte del régimen.

Aunque la estadística era inaccesible, era evidente de informes de exilios nuevamente llegados de Miami y de Europa y de las noticias Latino-Americana el corresponder permitió para visitar la isla que había una escasez calamitosas de necesidades básicas y que la industria de azúcar había tenido uno de los años peores en su historia. En abril, lo que sigue una serie de informes del gobierno de actividades contrarrevolucionarias sometida (la cuenta de ejecuciones políticas sabidas por el régimen había alcanzado la marca 1.000 durante las primeras semanas del año y aparecía después de eso ganar ímpetus). Ministro de industria Ernesto Ché Guevara refirió a las dificultades económicas cada vez mayor y que culpó las escaseces en los campos el azúcar por las oposiciones. Castro mismo, el 4 de junio, lanzando campañas a hacer frente a las escaseces de los bienes de consumo, prometió a los cubanos una mejoría de condiciones económicas en 10 a 12 años.

Las relaciones de Castro con la iglesia católica no mejoraron durante 1962. Mientras que el año habría, el Váticano había anunciado que Castro y otros oficiales del gobierno cubanos habían incurrido en la excomunicación automáticamente debido a actos contra obispos católicos. Sin embargo, en febrero, el régimen envió a un nuevo embajador al Váticano, después llevando a cabo el puesto vacante desde 1960. También, para finales de enero, las autoridades cubanas readmitieron a cinco sacerdotes católicos canadienses, expedidos de Cuba en 1961. El gobierno canadiense le divulgó más adelante para trabajar sin interferencia indebida de las autoridades de Castro.

Desarrollo político. -el desarrollo político en Cuba durante la primera parte del año dio lugar a la especulación considerable en los E.E.U.U. en el patrón general de la política cubana. El lro de enero, el tercer aniversario de su triunfo revolucionario, Castro reafirmó el despositorio de principios de Leninista-Marxista y garantizó amistad del Cubano-Soviético. El 10 de enero Juan Marinelo, el Viejo jefe del partido comunista cubano y un poeta de una cierta distinción de él, fue designado director de la Universidad de La Habana, un puesto de mucha energía y prestigio. Y el 14 de febrero Carlos Rafael Rodríguez, redactor del órgano comunista. Hoy y posiblemente el teórico superior del partido comunista cubano, fue designado presidente del instituto de la reforma agraría national, la agencia toda-llena-de-energía el gobierno hasta entonces el cual ha tenido encima presidido el 4 de febrero, y los rumores separados insistentemente de que a los líderes comunista ortodoxos a un lado lo había empujado, que él había sido tomado en la embaja mejicana, etc. Un aviso oficial del 12 de febrero de la formación de un nuevo comité de tres-hombres, integrado por el Presidente Dorticós, Guevara y Rodríguez y autorizado para dirigir los asuntos económicos del país, no clarificó materias.

El 9 de marzo la dirección 25-miembros del partido legal único del país, la organización revolucionaria integrada (formada en 1961 por la fusión del Partido Socialista Popular, o partido comunista, y los restos de algunos de los grupos revolucionarios del anti-Batista), fue nombrado, con Castro, su hermano Raúl, Guevara, Dorticós y comunistas Blas Roca y Rodríguez (y ocho otros viejos comunistas) que dirigía a la lista de miembros.

Anterior hablé de un choque posible entre los elementos comunistas más ortodoxos en Cuba y la nueva dirección de Castro del Marxista-Leninista aparecía ser no firmada cuando Castro, refiriendo a las enfermedades económicas del país en un discurso de la televisión el 16 de marzo, invadió a líderes sobre celosos que cometían errores administrativos graves en nombre de ortodoxos político. Dos días más adelante, en otra dirección de la televisión, él anunció Anibal comunista superior Escalante, secretario de organización del nuevo partido porque llenado de posiciones importantes casi exclusivamente de los comunistas de la vieja-escuela, Escalante fue quitado de la dirección, denunció por Roca y otros líderes del partido comunista y fue divulgado más adelante para haber llegado en Praga. Aunque Castro aparecía haber ganado la mano superior en área aislada de la política cubana, allí eran pocas esperanzas que él sí mismo pudo significar una victoria para la moderación. Si cualquier fracción representó la moderación de clases, ése era probablemente los comunistas cubanos Moscú-orientados; el partido de Castro era sabido a sentir mucho más cercano a la filosofía de Pekin que a las opiniones más domésticas de Kremlin. Como si en la corroboración de esta tesis, el régimen, después teniendo anterior en el año que anunciara que algunas de las granjas confiscadas serían regresadas a sus dueños originales en un esfuerzo de aumentar la producción, anunciada en agosto que la agricultura sería basada exclusivamente en colectiva. Castro nunca devolvió esas granjas prestadas a sus originales dueños. Una de esas confiscadas granjas fueron, la granja de la familia de Juan Rodríquez, "Juan el sordo", la granja de la familia de Pérez y la granja de la familia de Vargas entre otros hacendados ricos que sus granjas se excedían más de 1.000 hectáreas.

Preso de la guerra. -la preocupación por el sino de la Bahía de Chochino Castro de los presos de la guerra (de abril de 1961) montó constantemente con los meses del resorte y del verano. Tarde el lro de marzo, 179 presos habían ido en ensayo en La Habana antes de una corte militar de cinco hombres, con solamente los representantes del bloque de la prensa soviética admitida a los procedimientos. El gobierno anunció el veredicto el 8 de abril; encontraron a todos los cautivos culpable de traición y los condenaron a 30 años de trabajo duro para pagar las "multas" que se extendían de partir de $25.000 por el hombre la tropa a $500.000 por cada uno de los tres líderes de la expedición. Las multas agregaron hasta $62.000.000 una figura mencionada previamente en las negociaciones de los tractores-para-presos que habían emplantado en el verano de 1961. El comité cubano de las familias (de los presos), demandada tenía ya $62.000.000 en los compromisos y las contribuciones, enviados los representantes a La Habana en mediado de-abril y obtenidos, en términos sin revelar, el lanzamiento de 60 enfermos y presos heridos. Algún otro fue lanzado cuando los rescates fueron pagados individualmente ellos por las familias y los amigos. El 27 de julio de J.B. U.R.R.S.S. en 1961, fue designado los Aconsejadores. Después de varías conferencias con Castro en La Habana, Donovan aseguró un acuerdo de lanzar a los presos en intercambio fue terminado momentos antes de Navidad. Castro, que jugando declaró una "paz de 24 horas" con los E.E.U.U. el gobierno no había tomado niguna parte directa en las negociaciones, funcionarios de la administración.

La acumulación del Arma Soviético. -en informe del verano tardó multiplicado de una acumulación sin precedente de los brazos del soviético en Cuba. Anterior en el año un informe del comité Inter-Americano de la paz había cargado que Castro había recibido a partir de $60.000.000 al valor $100.000.000 de armas de la unión soviética en los 12 meses de junio el gobierno cubano artillería y del avión soviético en la ciudad de Cardenas, aparentemente con la intimidación como un propósito, la ciudad que estaba recientemente en la agitación con demostraciones populares contra escaseces del alimento y el régimen sí mismo.

En agosto el consejo revolucionario de los estudiantes advirtió que a partir 4.00 a 5.00 tropas soviéticas habían llegado en Cuba en el mes pasado, que tanto como 30 recipientes y que las bases del misil estaban bajo construcciones. Tarde ese senador Kenneth B. del mes. Keating le dijo que tenía información de la cual ninguna información en cuanto a la presencia uniformada a tropas soviéticas en Cuba o cualquier arma que no se podrían considerar como defensiva. Confirmó la llegada en agosto y estaba más cerca de 30 recipientes a la manera de él.

Raúl Castro visita a la U.R.S.S. en julio y la visita de septiembre de Guevara y sus negociaciones con Nikita S. Khurshchev anunciando como ha adivinado en la obtención de otros compromisos industriales de la ayuda y de otros acuerdos del líder de la Unión Soviética. Aviso de Castro a finales de septiembre que la Unión Soviética y Cuba construirían un puerto moderno en la isla para servir mientras que la base de las operaciones para una "flota pesquera común" compuesta alarma de ESTADOS UNIDOS.

Exilios. -cubanos exiliados tiempos marcados durante la primera mitad del 1962, en marzo algunos elementos se habían empeorado el consejo revolucionario cubano de José Miro Cardena y había habido crítica de la confianza continuada y excesiva sí mismo en ayuda eventual de Washington para una operación contra Castro, pero Miro Cardena sobrevivió la crisis y consolidó en última instancia su coalición floja de las organizaciones del exilio. Con todo otros grupos compensaron a este punto a entender progamas independientes. Un grupo de los contables públicos certificados exilada que se llamaron la alfa 66 de la operación vino estar en Puerto Rico e incorporado en un acuerdo operacional secreto con un más viejo grupo llamó el Segundo Frente del Escambray por el que la alfa 66 levantaba los fondos y ha recibido la publicidad mientras que el Segundo Frente se mantenía en la profundidad y servirá eventual a los buques de guerra pequeños y de poco calado. El Directorio Revolucionario Estudiantil, uno de los grupos que tenían que suceder del consejo de Miro Cardena anunciado en el comienzo del verano que pronto iniciaría operaciones de sí mismo. En mediado de septiembre otro grupo de exilio de Nueva York y de Miami, junto con representantes del anti-Castro cubano subterráneo, se reunió con otros líderes en Puerto Rico, y formó un nuevo grupo bajo Manuel Ray, ministro anterior de Castro de trabajos nueva organización fue llamada la junta Revolucionaria (JURE) y su cabeza operacional en Miami fue divulgada para ser un anti-Batista llamado formalmente combatiente Rogelio Cisneros.

El grupo de estudiantes pulsado primero. El 25 de agosto demandó la responsabilidad del bombardeo de un personal soviético del hotel de La Habana y la cubierta adyecente del edificio con un cañón de 20 milímetro montado en un cañonero. La alfa 66 efectuó su operación del puño el 11 de septiembre cuando uno de sus buque de guerra inscribió el puerto de Caibarien en Cuba norte-central, esforzó un cargamento britónico demandado por haber tenido azúcar del cargamento para la Unión Soviética y atacada y subdada otra nave. El 10 de octubre la alfa demandó el crédito para otra incursión exitosa: una acción del comando en Isabela de Sagua, un puerto apenas al oeste de Caibarien, en el cual habían sido capturado. Y el 14 de octubre el fuego de un buque de guerra hundió a una patrulla cubana servida por los exilios de cubanos que demandaban funcionar independientemente sin ningún nombre de organización.

Choque de la Unión Soviética. -la administración de Kennedy a finales de septiembre y al principio de octubre recibió la cooperación renuente de la mayoría de las naciones aliadas contratadas al envío cubano, especialmente después de que los E.E.U.U. anunciaron los planes para fijar apenas resistentes, incluyendo la pérdida de cargos de los E.E.U.U. de instalaciones portuarias, para las naves conduciendo tráficos del Cubano-Soviético y para todas las naves de naciones de quién recipientes transportaron las armas para Castro. Gran Bretaña todavía sostuvo hacia fuera y pidió simplemente que sus expedidores cooperaran en transportadas armas a Cuba, mientras que protestaba interferencia de los E.E.U.U. con libertad de los mares.

En midiados de-septiembre el congreso aprobó una resolución que sancionaba el uso de la fuerza, lo necesario, de defender el hemisferio la agresión de Cuba o subversión. Una conferencia inter-Americana informal de los Ministros de Asuntos Exteriores, llevaba a cabo en Washington al principio de octubre para determinar medios y posibilidades o contenencia del régimen de Castro con la acción común del hemisferio, aplazada después que publican una declaración que calificó la intervención soviética en Cuba en amenaza al hemisferio que llamaba para las contramedidas individuales y colectivas. Algunos días más adelante en las cargas reafirmada de cubanos del presidente Dorticós de Naciones Unidas que los E.E.U.U. planeaban la agresión militar contra Cuba e impulsaron a asamblea condenar amenazadas de los E.E.U.U. en envío.

Las crisis vino a los finales de octubre. El lunes 22, presidente Kennedy trató establecimiento de una "cuarentena naval" en Cuba en base de la prueba obtenida recientemente de la construcción en curso de los sitios de alcances de llevar las armas nucleares. La capacidad de la huelga de las bases del misil cubierta la mayoría del continente norteamericano y alcanzó como su lejado como Lima y Perú. Esta acumulación de la capacidad militar ofensiva había sido continuada recientemente y bajo aseguramiento falso por el contrario de la unión soviética. La cuarentena, que ascendió en la práctica a un bloqueo limitado, procurado, como lo hizo, sólo de parar el flujo de armas ofensivas en Cuba, la fuerza sea simplemente una medida preeliminaría, según el presidente, si las instalaciones y las armas ofensivas no fueron desmontada y no fueron quitada de Cuba bajo inspiración en sitio por los observadores confiables. El presidente agregó qué sonaba como un ultimátum: "...será la política de esta nación para mirar cualquier misil nuclear mandado de Cuba contra ataque por la Unión Soviética".

El martes, el 23, el consejo de DAs movió hacia atrás la posición de los E.E.U.U. unánimente, y las expresiones de la ayuda vinieron de Gran Bretaña y de otros críticos anteriores europeos de la política de los E.E.U.U. en Cuba. El bloqueo entró en efecto en la mañana del miércoles de la inspiración "visual" de unidades de los E.E.U.U. antes que terminara la semana, la Unión Soviética había pedido un número de su Cuba-limitan las naves para cambiar curso y, después de una serie de mensajes contactorios de los discursos del primer Khurshchev informó a los Estados Unidos el 28 de octubre que las armas vistas como ofensiva por los E.E.U.U. estarían quitada cuanto antes.

Durante los procedimientos completos Castro no había sido mencionado una vez por fuentes de los E.E.U.U. oficiales, y a el Primer Khrushchev antes de tomarlo no había consultado obviamente su decisión. Un secretario general temporal de la U Thant, intentando obtener el asentimiento de Castro a los términos de los Estados Unidos. -el acuerdo Soviético, voló a Cuba el 30 de octubre, saltando para poder dejar detrás en su vuelta el núcleo de un equipo de la inspección. La visita no probó fructuoso, ni la del primer Diputado primer Ministro soviético Anastor I. Mikoyan, que llegó a La Habana más adelante en la semana. Castro expresó mientras tanto que él no interfería con el retiro de los misiles puesto que no eran de Cuba, pero él rechazó volver los bombardeos o permitir la inspección del bloqueo, de la suspensión de la vigilancia del aire de los E.E.U.U. de su base naval de Guantánamo.

La estancia de Mikoyan en Cuba incorporó su tercera semana sin resultados sensibles, aunque en noviembre era evidente que el peligro de una conflagración internacional que había sido evitada por la cesión de la Unión Soviética en publicado. El 20 de diciembre, algunas horas después de que hubiera hecho alusión un representante de Washington fuertemente dio una respuesta en materia de los bombardeos del jet Hyusim-28 fue deseada antes de que reúna sobre ese día, de prensa de la tarde de presidente Kennedy palabra enviada a Castro al Secretario que eso a él le convendría el retiro de los aviones, pues eran también uso provechoso del "anticuadro". Esta decisión fue confirmada inmediatamente al presidente Kennedy por el Primer Khurshchev; más adelante en el día el presidente anunció que en la vista del hecho de que una parte considerable que él exige hubiera sido satisfecho por los vuelos de la Unión Soviética-vigilancia y las unidades navales que podían comprobar desmontar de las bases y el retiro del número sospechoso de misiles en Cuba-él pedía la cuarentena advirtieron la administración que los misiles fueran ocultados en cuevas y de la amenaza principal de Castro para América latina pone no es sus bases del cohete sino en la mutilatada de Cuba como punto focal para la subversión soviética de América latina. Había también informes que los técnicos soviéticos permanecieron en Cuba ayudaban a acumular las defensas de las islas. Mikoyan salió de Cuba el 26 de noviembre para Nueva York mientras que Castro publicó las nuevas demandas para la inspiración de las bases del continente de las cuales los ataques contra Cuba pudieron ser lanzados. Tampoco en diciembre el gobierno de los E.E.U.U. anunció que los bombardeos habían sido quitados.

En el extremo del año Castro estaba parado en desacuerdo como aliado soviético, haciendo frente a un hemisferio hostil, careciendo cualquier ayuda significativa del bloque neutral y movió hacia atrás con entusiasmo solamente por la cibernética China. En el país, acosando aumentando operaciones del sabotaje y de la guerrilla, era estimado que su renombre incial 100% había disminuido hasta el 25%. Él era una de las figuras política más solas del mundo.

Capítulo Nueve

Poco a Poco los Informes de Noticia

Poco después de la una de la mañana del domingo de noviembre 25, la expedición-aéreas y la policía mejicana alcanzaron Tuxpan. La policía los buscaba afortunadamente en la orilla incorrecta, y Fidel Castro y sus compañeros de ochenta-y-uno podían fijar el suelo de Cuba a bordo del yate destartalado, que el motor apenas podía funcionar y eso la capacidad de pasajero era de veinte.

El yate pequeño, sobrecargado con los hombres y el equipo, hechos mal tiempo y tenía constantemente ser afianzado hacia fuera, los hombres estaban desalentados. Habían reconciliado muy poco sueño durante la semana fronteriza pasada en México, y habían reconciliado un poco más durante la semana en el mar, sin misericordia embalados juntos como ellos estaban. El tiempo estaba malo y todos estaban mareados del mar. No había lugar para estirarse. En los cambios de cabeceos con las piernas cruzadas. El recurso de agua se había convertido de alguna manera contaminada por el combustible del motor, y las provisiones de última hora consistió de las barras de Hershey, de las naranjas, y de dos jamones. El jueves, la tierra fue avistada. Si está ha resultado ser Yucatán. ¡Todavía estaban en aguas mejicanas! Hambrientos, sedientes, agotados, los expedicionarios finalmente desembarcaron en Cuba temprano el domingo, 2 de diciembre. Fidel pidió que el Granma trabezara en una costa pantanosa en Oriente. Estaban probablemente para anunciar su llegada a la gente cubana de que Fidel salió el recipiente parado en la vista completa del mar, de la tierra, y del aire. Los hombres vadearon en tierra hasta sus cuellos en agua y fango del pantano. Intentaron ahorrar el equipo llevándolo gastos inderectos, pero de ellos fueron perdidos muchos. Esto había venido lejos con seguridad porque el gobierno de Batista, calmado en exceso de confianza por las noticias de la incursión acertada por la policía mejicana, había permitido a los expedicionarios deslizarse a través, pero en la vista del Granma tranzado, había expuesto inmediata por la fuerza aérea de Batista que castigó y los bombardeó en la misma mañana. En el plazo de tres días los expedicionarios lucharon dos encuentros con las unidades del ejército y dieron una buena cuenta de sí mismo.

Desconocedor con el terreno, los expedicionarios se dividieron en grupos pequeños y lucharon hacia la Sierra Maestra. La fuerza aérea continuó castigándolos, y los prospectos caídos prometido para ahorrar sus vidas si se entregaran, había que luchar esporádico. La mayoría de los expedicionarios, incluyendo. Candido, fueron capturados y los mataron. Sus cargadores dan vuelta por la roca necesitado-aguda a la llamada "colmillos de los naturales del perro", sus pies que sangran, sus lengüetas hinchadas a partir de cuatro días de sed debajo de un sol ardiente, ellos escalonaron hacia las chozas campesinas, en la Plática y en Purial de Vicana Arriba, dispersados sobre las áreas que estaban desamparadamente en dicha de los soldados de Batista en la espera por ellos. A pesar de los prospectos, todos pero un puñado de los que se dieron por vencidos fueron tirados en el acto de entregarse. Una semana después de que el complimiento de Fidel Castro de sus promesas de aterrizar en Cuba en 1956 más de sus seguidores valerosos, dedicados estaban muertos.

La reforma agraría era una de las metas principales de la revolución. Todos convinimos eso con tal reforma que ayudaríamos a la gente más pobre en la isla, así como tomar un paso grande hacia la estabilización de la economía. Fidel comenzó indiscutiblemente con buenas intenciones. En sus dos años en las montañas él había venido en contacto cercano con todos y afectado gradualmente cerca, la bendición de los campesinos.

Estiman a la población campesina de Cuba en 43 por centavos. Es la pieza que sufre más y con la urgencia más grande el desempleo período que viene cada año con la "estación muerta larga". Es la clase que ha estado siempre desnutrido y vulnerable a la tuverculosis, a los parásitos intestinales, y a el resto de enfermedades derivada de pobreza. Esta gente vive en las condiciones higiénicas peores. Sus casas son chozas cubiertas con paja y los cobertizos, las paredes, hechas de tiras de la corteza de la plama que son fácilmente llevadas (arrasadas) por los ciclones. Las azoteas están hecha de las ramas de las plamas, los pisos son de tierra, y en términos de la comodidad son indistinguibles de los cochinos enjaulados que son exactamente iguales a menos que sean más pequeños. Muy pocas de estas chozas campesinas tienen electricidad o cuartos de baños o agua corrientes. El agua es sacada en cubos de pozos y de los ríos, o se coge en los barriles de la lluvia, donde todas las especies de parásitos prontamente se acumulan. Más de 54 por centavos. De las viviendas campesinas del servicio sanitario de la carencia de Cuba de la clase. El campesino nunca ha gozado de cualquier servicio médico cualesquiera, ni ha recibido siempre la educación sanitaria adecuada.

El programa de la revolución de ayudar al campesino era por los tanto muy querido a todos nosotros. Cuando Fidel Castro vino desde la Sierra Maestra después que tenía, se parecen con sus propios ojos la pobreza y el atraso de esta gente, él estaba obsesionado con ayudarle y la protección y estaba listo tomar las medidas más radicales para hacer la construcción modernas, viviendas higiénicas en urbanas y las áreas rurales estaban comenzando realmente. No era largo, sin embargo, antes de que el programa empantanado para la carencia de fondos y de la provisión, porque las razones vengan actualmente posada los E.E.U.U. el gobierno tuvo que atraer Fidel con una política de amistad y del acercamiento, porque aunque es verdad que los intereses eran el intentar uniforme provocar animosidad en Cuba hacia los Estados Unidos, es también verdad que Fidel vino a los Estados Unidos por completo de la esperanza. Él estaba de un buen humor y accesible en viaje-pero no fue acercado oficialmente por cualquier persona; ni él recibió una sola oferta de la ayuda de Cuba.

Las relaciones pública de Fidel en el viaje fueron manejadas por una compañía que hizo ningún incluso competir con los otros. Su director Bernard Relling, vino a La Habana para una conferencia con Fidel que ocurrió en su habitación. En ese día Fidel abajó un poco antes de los otros, y podían conversar por diez minutos sin la interrupción. Él había notado algunos Comunistas alrededor de él. Aunque por lo menos estaban visiblemente pocos y de menor importancia, Fidel relacionó la experiencia del pasado. Él describió la pieza que el partido comunista había jugado con trastornar el primer gobierno nacionalista que Cuba había tenido siempre, la Grau y Guiteras en 1934, y de todas las consecuencias de sus acciones. Él escuchó en silencio, cabeceando su cabeza entonces dijo: "por otra parte, no compran cualquier cosa de nosotros y los Estados Unidos compran nuestra azúcar".

Pero su agresividad, su deseo de mantener exaltados cruzados, la influencia constante de su hermano y Guevara, la carencia de los E.E.U.U. oficiales y eficiente co-operación, y la infiltración mañosa (y muy eficiente) de ideas comunista contribuyó a una línea de conducta, en su regreso, que era muy diferente de la que él le había expresado esa tarde en que, lejos del discurso de autoridades, él incluso dijo, pues él contemplaba la vista hermosa de La Habana desde su terraza, que era favorablemente bastante que debemos vivir bien, "porque después de todos hemos hecho bastantes sacrificios".

CAPÍTULO DIEZ

EL ÚLTIMO COMUNISTA

Obsesión de Fidel Castro con las mentiras brutas de la energía arraigadas en un fondo de la lucha él ha ido a las grandes longitudes a la subsistencia ocultada. Él Último Comunista, condensado de "principe de guerrilla: La historia de Fidel Castro nunca dicha".

En el trigésimo aniversario de la revolución cubana, había alguien que todavía aún estaba atento a Fidel Castro como héroe revolucionario romántico. Él había derrocado al dictador Fulgencio Batista y "liberó" a la gente cubano. Él es responsable por la humillación de ESTADOS UNIDOS en la Bahía de Cochino, sus militares eran con las eficacias más grande de América latina. Su ayuda había sido dominante al exilio de los nicaragüenses Sandinistas y había alentado los movimientos de la guerrilla de El Salvador a Uruguay a Chile.

Pero, él se ha parado en el pódium en Santiago de Cuba ese primero de enero de 1989, Fidel Castro debe haber sabido que sus victorias se deslizan lejos. Su país es una ruina económica. Su capital. La Habana hubiera sido la flor exótica de Indias del oeste. Ahora sus ciudades esperaron en las líneas las raciones minúsculas de la leche, de la carne y de los zapatos.

Mientras que Castro habló, su brazo derecho barrió en gran círculo, entonces estallándolo para conducir sus palabras furiosas en las mentes de las masas. Él lisonjeó, incluso ligado con la gente. Lo aman, Él no amó, también, para las masas fue su solamente contacto humano verdadero.

Entonces algo inusual ha ocurrido, Castro había terminado siempre sus discursos con las palabras grandiosas "Patria o Muerte" pero ese día el dictador carnecidamente de 62 años de edad gritó, "Marxismo-Leninism o Muerte".

Reavivado de la confusión a través de las caras en la muchedumbre, entonces pasaba. Como siempre, las masas aceptaron la "lógica" de Fidel.

Estaba realmente siempre callado. Por 31 años Castro se convertido un comunista. Ahora, como la U.R.S.S. comenzó su decomunización, Castro proclama La Habana el Váticano nuevo del marxismo verdadero, relegando a su patrón soviético a la perifería ideológica.

Visión que se descolora. Ese abril Mikhail Gorgachev visitó La Habana y sugerió a la gente cubano que Castro ha atado a una ideología fallada. Para sobrevivir, ellos tendrían que, en efecto, mímico a los norteamericanos.

Castro había dependido de Alemania del este para el entrenamiento militar-inteligencia, y de Checoslovaquia para el armamento. En la caída de; 1989, el comunismo europeo del este se derrumbó antes de los ojos de Castro mismo.

Él había contado a Panamá para pasarlo de contrabando tecnológico, medicina y consumidor mercancia -y como aliado contra América. En las fuerzas de la defensa de diciembre los Estados Unidos invadió a Panamá, y la defensa de Manuel Noriega se derritió.

En el país, la gente joven de Cuba ávidamente escuchó las difusiones de ESTADOS UNIDOS. Un grupo popular cubano lanzó la canción "que ese hombre está loco", supuesto sobre Ronal Reagan.

En lugar, la gente joven lo cantaría a veces cuando la imagen de Castro estaba en película o en las pantallas de la televisión.

Fidel Castro estaba asustado. Sus sueños de la conquista con los Guerrero-sueños de la guerrilla que habían sacudido el mundo en los años 60 y se descoloró en los 70-donde. La cultura y la economía americana lo hacían perder su aire de la invencibilidad.

Castro había calculado que su energía duraría siempre y cuando el mundo realmente no lo conocía. Mientras que mucha gente pensaron que ellos conocían a Fidel, su vida había sido realmente un juego cuidadosamente calculado, jugado para guardar las verdades sobre él en apenas la distancia derecha.

Además, Castro, tampoco reveló sobre los tres principales proveedores de provisiones de alimentos, cuando todos ellos llegaron de Méjico y desembarcaron en Niquero-Pilón, Oriente.

También, a Castro se le achaca que él es el único responsable for el desaparecimiento del Comandante Rebelde Camilo Cienfuegos. Camilo Cienfuegos, se desapareció en un vuelo en avión que venía de Camagüey a La Habana el 28 de octubre de 1959.

En Cuba, desde que éste eminente compatriota cubano que nuestra patria jamás ha tenido otro igual como Camilo Cienfuegos. Todos los Pioneros escolares de Cuba, tiran flores cada año, el 28 de octubre, en los ríos, en el mar, en lagos o dónde halla agua posada, justamente en memoria de este Comandante Rebelde, quien cada cubano extraña y por siempre recordará a Camilo Cienfuegos.

Como siempre, a solido ser que el malhechor de la película a la corta o a la larga, su maleficio es descubierto. Los Castros han cometido un sinnúmero de violaciones durante su administración contra el ser humano cubano, flageándolos hasta el extremo que millones tengan que abandonar su amada madre patria. Porque cuando hay verdades que aún están escondidas, siempre llega momento dilatable. Como ha solido ser en todos los caso que nada queda oculto. Cuando se ha errado atrocidades milenarias, sin uniformes-. Pues, yo estoy haciendo posible en este libro que he escrito y qué contiene datas contundentes, que incriman a todos los Castros por todos sus maltratos hacia toda los habitantes de la nación. Son verdades sin alterarlas ni convertirlas en un arma de la malicia.

Por su puesto, !todos tenemos insaciable sed de libertad¡

Los Costro pensaron que todas sus abominadas maldades jamás saldrían a la luz, pero una vez más, . . .quedan corto de visibilidad.

CAPÍTULO ONCE

LOS ÉXODOS DE CUBA

Actualmente, asistimos temas de varías generaciones y de épocas de éxodos que han ocurrido en la isla Antillana de Cuba. Fidel Castro ha dominado y rígido la nación cubana con un puño de hierro desde que ha tomado el poder de la "Perla del Caribe", tal como lo hizo Fulgencio Batista o peor. Él siempre lo ha hecho con fuerza, poder y ensañamiento, en otras palabras a su manera, -irónicas teorías, doctrinas y polémicas comunista convertidas en armas de la maldad, dictadura tan mal aplicada y a la vez llevándolas a cabo contra sus propia gente y el resto el mundo, también.

Cuba chispea como arde, hay una revolución y poca diversión.

Para esto, de la misma manera, razonó el cubano que ha estado sufriendo reservada experiencia patética de una emoción racial que tenía posarse en sí mismo, y al mismo tiempo evoca alguna piedad o compasión que forma totalmente una condolencia de la compasión. Háblando de la compasión entera que el pueblo cubano ha condolido por muchos años, las desventajas del gobierno y apenas su propia avería.

Esos exiliados cubanos han sido derrocado de su propio país por rechazar y no obedecer reglas derivada del partido comunista, tales éxodos han causado que los cubanos tengan un resultado directo ardiente del gobierno de Fidel y su hermano Raúl siendo sí mismos principales Comunistas.

A pesar de todo, la militancia del continente cubano en gran parte de cuyos constituyentes han conquistado su independencia respecto de los imperios de los Estados Unidos; lo ha puesto de descanso (relieve) en escena sus participaciones en el drama de la vida contemporánea, se ha convertido más eficaz y abarcador. La imperialista onda civilizada de estos exilios de cubanos han sentido la reciprocidad de impetuosa onda vitalista de los críticos de muchos de ellos a medida que los cubanos se han ido liberando, a su vez, de la esclavitud y de la ignorancia, de sus participaciones en el drama de la vida socialista, el cubano que forcejea viogorosamente para dejar constancia de su identical y contribuir activamente el desenvolvimiento de la alta cultura.

Sobre esto, también podemos agregar que en la cultura de Cuba, los negros afrocubanos han cultivado una nueva cultura en Cuba, la música - Africubana. No se sabe a ciencia cierta cuando llegaron los primeros negros a Cuba. Los documentos mencionan su presencia en la isla en 1513 y revelan que Hernan Cortés llevó a México algunos negros de Cuba. El conocido sociólogo cubano Fernando Ortiz, ha comprobado que en 1526 dos genoveces llevaron a la isla un cargamento de 145 esclavos de Cabo Verde. Lo cierto es que en 1534, ya había en Cuba alrededor de mil africanos y en 1769, unos 22.740 negros emancipados (libres).

La infuencia negra en la música española de la isla se debe en gran parte al hecho que desde el siglo XX, la mayoría de los músicos son negros. La fuente discriminatoria racista no se extendió a los reglamentos de ingreso al gremio de músico a la gran escasez de maestros en La Habana, era un flomanco que tocaba el tambor cuando se aproximaba un navío a la Bahía. "El son de la Ma Teodora" revela que desde los primeros años del coloniaje, la música que se tocaba en la isla es producto de la amalgama de melodías africanas y españolas. La iglesia católica, con su ritual y pompa, ejerció poderosa atracción en los negros que adoptaron el culto cristiano sin renegar de sus propios dioses africanos (Ogún, Chango, Elegua y Obatalá). Varías divinidades cristianas, por proceso sincréticos, enrriquecieron el panteón africano, sustituyendo con sus imágenes las antiguas representaciones antropomorfas y zoomorfas. De esta manera. San Lázaro vino a hacerse uno con Babalu-aye; la Virgén de la Caridad con Ochún; la Virgén de Regla con Yemaya; Santa Barbara con Chango; San Nolberto con Ochosí. La música indudablemente fue otro poderoso atractivo de la iglesia, sobre todo en esa época en que los templos eran las únicas salas de concierto. Así como en las colonias angloamericanas, el negro adoptó el himno protestante y en Santo Domingo, se apoderó de las danzas y canciones francesas, en Cuba hizo suyas, interpretaciones míticas, la música española, la contradanza y el minue.

En 1774, Cuba tenía una población de 96.430 blancos y 78.180 negros, de los cuales, 44.360 eran esclavos. Es decir, algo menos de la mitad de la población era de sangre negra. Como sabido en otras historias, fue durante esta época cuando el carácter del habitante de la isla comenzó a mostrar característica definidas. En estas circunstancias, llegaron a Santiago de Cuba los refugiados de la isla de Santo Domingo, huyendo del daño de sangre causado por la Revolución Francesa.

La contradanza cubana se exportó como si fuera un producto oriundo de la isla.

Para 1913, cuando se propagó la falsa creencia de que la herencia africana era un impedimento en la "europeización" de Cuba, se prohibieron las comparsas tradicionales y las fiestas religiosa de los negros. La política oficial era entonces utilizar al negro en las farsas electorales sin que "infectara" la "cultura occidental" de la isla. Cuando las comparsas otra vez fueron autorizada unos años más tarde, ya no tenían la misma fuerza, aunque daban la impresión de ser más teatrales y utilizaban más instrumentos musicales. La prejuiciosa prohibición había matado su vitalidad y les había hecho perder su autenticidad.

Por lo tanto, el Orfeo blanco ha terminado dándose la mano cordialmente con el Orfeo negro, tan por tantos siglos pretérito. El Narciso de la mitología ha dado pie para el surgimiento de un Narciso negro que, por esto sí, para irradiarse en plenitud de vida hacia el porvenir. En efecto, nunca tuvo el negro major situación ni mejores perspectivas que en los días de hoy en Cuba, esto sólo ha sido posible en el gobierno de Castro. La vida política, artística, religiosa, social, intelectual, económica se le ofrece un Milagros de logros y promesas a todos los cubanos. La hora de la cultura alienta y propicia, además, el surgimiento de una inteligencia igualitarista de parte del subordinador de ayer, que se apresta a frucitificar en saludable razón humana convivencia.

De este modo, con el advenimiento de Fidel como presidente de la nación cubana. Resultó que, en 1961 surgiera el primer exilio de Cuba. El primer exilio durante la época de Fidel fue llamado "Exilio de Camarioca".

No era siempre esa manera-. Contemporáneamente, Cuba era "La Perla del Caribe", las playas y los casinos fabulosos que generaron millones de dólares en turismo, americanos ricos que engañaban y europeos a su vida lujosa y señorosos de la noche. Cualquier persona era cualquier persona, apenas tuvo que estar Cuba bebiendo cubalibre en La Habana. Esa escena idílica subsecuentemente se ha desolado con la realidad áspera de la revolución cubana en 1959. Fue aceptado extensamente que Castro sería el salvador de la gente cubano del dictador malvado Fulgencio Batista.

Desafortunadamente, éste no debía ser-. Castro había mentido a la gente y bajo disfraz de la revolución y el cambio comenzó con un período de la forma totalitaria de gobierno que existe hoy en la isla de Cuba y el resto del mundo, reduciendo una vez a la gente de la libra a los medios con credo: "todo por lo bueno del estado". Sin embargo, en su modo de la falsedad a la gente cubano su solamente propósito era ser distinguido de carácter puro, con una naturaleza moral, había guardado, persuadido y dirigido en cada uno la creencia de su comunista. Adjunto a los líderes de su comunista impregna el comunismo a todos. Él había estado al acecho siempre para con todos los habitantes, con sus turbios ojos y para esto razonó el cubano que había confiado a muchos salientes de él.

Uno de los fenómenos que han existidos más atrayentes ha sido el crisol étnico de las generaciones y sus contemporáneos exilios cubanos de Cuba. La interacción y amalgama del oborigen, el blanco y el negro ha sucistido el interés reciente de estudiosos de este horizonte de la Americanizad.

Posteriormente, 19 años después, durante el año 1980. Cuba experimenta su éxodo más grande de la historia, de los ciudadanos debidos en parte de los que crecieron cansados de dogna comunista y de la libertad deseada. Asaltaron la embajada del Perú en el Puerto del Mariel y exigieron que los transportaran a América. Con tal agolpamiento de la humanidad. Castro no tuvo ninguna opción, entonces ha accedió a las demandas y arregló con Jimmy Carter, que era para ese entonces el presidente de los Estados Unidos, para la repatrición de los cubanos a América. Completamente sabiendo la política americana para dar la bienvenida a todos los que pidieron la entrada, Castro, siendo siempre el consumado, político proyector, liberó no solamente a los ciudadanos ordinarios, pero a algunos profesionales, así como todos los presos de las cárceles, los lunáticos y los homosexuales. Cualquier persona que juzgaba impropio, él envió. Ésta enorme empresa fue llamada "el Mariel" y no menos de ciento veinticinco mil almas salieron por un futuro a América más bien que permanecer debajo del pulgar de un dictador.

Así, "los Marielitos" comenzaron su odisea.

Apretadura-, tomaron sus pocas posesiones lamentable con ellos. Llegaron a la Florida, después de qué se parecía una eternidad, cuando desembarcaron todos el grito: "Libre, Libre, Libre, estamos libres". Algunos se sobresalieron superados con la emoción que se arrodillaron para besar la tierra porque se sentían que de verdad estaban liberados de esa opresión castrista, mientras que lo hicieron ésos que ellos han vivido con él por muchos años.

Hoy, después de tres décadas, los Marielitos han asimilado en la sociedad americana, la parte que se convierte de la comunidad y de ellos hispanos maravilloso son profesores, abogados, doctores de medicina, cantantes, escritores, poetas, los hombres de negocios y de muy buena-calificaciones carreras y han sido buenos ciudadanos, también. La mayoría de ellos se mudaron a la Florida, Filadelfia, Nueva York, California entre otros estados a escala national, haciendo los buenos trabajos para el país, como acostumbran-. Otros han elegido sus propias maneras de modo de ostentaciones faustas (alegres) de vidas.

Podemos decir que la auscultación de raíces e impronta nacionales y regionales, en área del sorprendimiento de lo unitario, ha tomado un sesgo de eticismo y obligatoriedad. Cultura y política se confrontan en el reclamo de identidad que se patentiza cada vez más, en tanto que se enraíza o afianza la conciencia de destino adscrita a los pueblos del Tercer mundo. Frente al empuje imperialista del pueblo cubano, depositorio y detentador de valores supuestamente absolutos, los pueblos oprimidos enastan su bandera de redención, lejos de designios providencias respondiendo al reto de una clara y militante espiritualidad. Cuantas fueron hasta ayer, avistades desde el belvedere de la civilización, elementales y primitivas lumbraradas de humana conciencia saltan al escenario con impulso y vigor (diecidumbre) volcánicos, para revivificar la vida insípida y decadente, mecánica y rutinaria, de una cultura marmóreamente olímpica. Otra no había de ser la razón de que «Renacimiento bárbaro» que en los albores de las generaciones del estilo del cubano.

Y en el siglo XX retorna a los manantiales del instituto a las crisis de sus valores. La entrega a la exaltación y veneración de lo sagrado, en salutífero afán de posesiones de la evidencia mítica, que es decir imperativo de zambullirse en aguas cosmogónicas como forma de intuición, aprensión y compresión de lo realmente absoluto y ordinario. Los cubanos continúan con la vivencia que ha de prevalecer sobre la inteligencia de ellos mismos. La razón que la gente cubana necesita para poder sentirse libre es vivir en un mundo sin persecuciones ni tendencias políticas, luchan incluso por la ordenadora y fría veró desquiciarse sus imperio ante la exultante y férvida pasión por la libertad. Es un país cósmico y configura la dimensión sagrada de la naturaleza. El retorno a los estudios teológicos, heridos de positivismos, aflora en la aventura lírica occidental sustentada en dionisíaca fruición de palabras, colores y sonidos, que recorren los catárticos senderos de la tristeza hacia un mundo de alegría suprema que los Estados Unidos de Norteamérica ofrece, vivir totalmente libre de todos esos atrasados y mal aplicado idealismos.

Los éxodos del siglo XX terminó con una crisis: el final del imperio colonial español. En 1895 se produce el levantamiento de Cuba y en 1896 el de las Filipinas, últimas colonias de España en América. España, aunque reacciona ante las revueltas, sufre una derrota total y en 1898 se ve obligada a firmar el Tratado de París por el que Cuba consigue la independencia, mientras que las Filipinas y Puerto Rico quedan bajo el control de los Estados Unidos. Este acontecimineto provocó en España una ola de indignación y protesta que se manifestó hasta incluso en literatura a través de los escritores de la Generación del 98. Más adelante, en 1902, Cuba obtuvo su independencia.

Este trabajo que he hecho responde a una razón de simpatía hacia mis hermanos compatriotas cubanos. Debe entenderse como una invitación a la conveniencia de todos los cabanos y antillanos y demás pueblos del mundo.

Afortunadamente, Cuba ofrece un ejemplo contundente de pueblo que se ha levantado por sobre los males del discrimen. Existe una conciencia antillana. Ese fenómeno de patente entrecruce racial, creador de un hombre nuevo, ora el orden biológico y ora en el orden espiritual, no permite, desde la perspectiva de la inteligencia, establecer barreras que, a la corta, serían quiméricas e infligirían un golpe letal al pueblo y a la cultura cubana. Claro que aún tenemos, aquí y allá, aristas que podar, a causa de inrresponsables, incautos y malintecionados sedientes de la conflagración entre hermanos. Todos sabemos, sin embargo, que la realidad cotidiana del cubano ofrece testimonio fehaciente de sensata convivencia. Como hemos tenido que afrontar las dolorosas y desconcertantes circunstancias de otros países sustentados en falaces diferencias genésicas, nuestra vida se ha desenvuelto apoyada en la observancia de la dignidad, el esfuerzo y el mérito como esencial cédula de identidad. Bien sabemos que mientras hayan divisiones, divisiones que son la cruel y absurda consigna de cuantos se empecinan en perpetuar errores milenarios; la ira del hombre se incendiará hasta derruir los propios cimientos de los humanos. Casi todo es, como la lucha del lobo y el ágila contra la oveja y la paloma no ha de ser el mito alentador de nuestros tiempos.

Posteriormente, de estos inesperados exilios ya mencionados que la gente cubano ha experimentado. Una mañana en el verano de 1994, se convirtió en un espectáculo de la desesperación del cubano bajo régimen comunista, un acuerdo, el grupo de refugiados sepuestos de la gente formaba una Real Fuerza Aérea de la madera de construcción del desecho y de los viejos tubos internos.

"¿Por qué nos vamos?" La gente exigió repentinamente, "¿si vamos a ariesgar nuestras vidas en el mar, dejando que los tiburones nos devoren, ¿por qué no lucharon contra Batista cuando él tenía su ejército grande?" ¿Por qué no podemos luchar contra Fidel, cuando él nos está matando de hambre y necesidades útiles?.

A través del verano el cubano chorreaba sudor, tal erupción de la disención condujo a muchos estudiantes de la política de la isla a sospechar un momento crucial en la buena voluntad de la gente de enfrentar el gobierno, para escaparse por lo menos: los barcos propiedad del gobierno fueron llenados cuando uno de ellos fue hundido por las autoridades como uno intentaba escaparse. Los centenares, de gente desenfrenada contra la seguridad fuerza cerca de la pared del mar de La Habana el 5 de agosto de 1994. Más que, 30.000 personas huyeron en las balsas, muchas de ellas pasamano abiertamente sobre el régimen como ellos a la izquierda. También se desesperaron que la energía de los aparatos de la seguridad del presidente Fidel Castro, nunca pudo estar rota y no vivirán para ver el final de esto.

Nada quemarse. -era bastante fácil ver qué guardó entonces las chispas del verano: No había yesca (combustible). El líder de los grupos pequeños de los derechos políticos y humanos que constituyen el movimiento disidente de la isla todavía intentaba llamar por teléfono uno que otro sobre el alboroto cuando la fuerza de seguridad redondeándolos para las breves detenciones. La iglesia católica dio vuelta, el humor del país cambiante, las vigas desaparecieron, sus impulsos calmados por una promesa americana que por lo menos se permitía a 20.000 personas emigrar a los Estados Unidos legalmente cada año, dicho acuerdo por el presidente del país, para ese entonce era Bill Criptón-Fidel Castro. Cortamente, luego, el tumulto de sus salidas llevó mercados nuevos, del Gobierno-sancionó granjero y al bolso plástico de las preparaciones y a los potes hechos en casa de café.

Tales progresos no eran probables cambiar las mentes de la gente que opuso el gobierno, con precios en los mercados libres bien sobre lo que podría producir muchos cubanos, ellos saciaron apenas el hambre del país.

Pero sí o no señalaban el extremo de la ayuda a la declinación económica devastando de Cuba que comenzó con el derrumbamiento del bloque soviético, algunos de los que fueron alimentados del rayo de las cosas que conseguían un poco más que un bolso adicional de la tienda de víveres, la necesidad alimentó para sí mismo en el capitalismo áspero de un mercado negro de vertido. El firmamento ideológico de una generación que se está agrietando lentamente.

"el educado yo a ser como Ché, pensar como Ché, como comunista verdadero", algo refiriéndose al héroe revolucionario Ernesto (Ché) Guevara un hombre eminente, para el valor y valoroso, uno quién creímos para nacer de un dio o diosa y un humano. "todo había cambiado. No luchamos todos que terminándolos como esto. Entonces los hombres que ahora están funcionando este país no son un comunista verdadero".

No obstante, es duro inmaginarse en lo que había sufrido un hombre como ésos para ver y para vivir. Algún preso político formal podría quizás decir, eso que el presidente tiene una reputación al exterior como abogado valeroso pensativo, uniforme para los derechos humanos, un cuidadoso modera en circunstancias externas. Pero él no es mucho de un político, y él tiene pocas ilusiones sobre qué clase de movimiento él puede ser que conduzca fuego.

"Siempre han pensado que los cubanos somos muy valientes y resistentes". Ésa es realmente la leyenda que todos tenemos para nosotros mismos, pero el régimen de los Castros, nos ha demostrado que somos una gente pacífica, una gente mejor satisfecho para recibir a turistas que para el combate.

La Válvula de la Visa. Si las presiones de la inmigración pudieron amenazar al Sr. Castro como hicieron sus contrapartes en la voluntad de Europa Oriental depende probablemente del éxito del acuerdo de la inmigración que Cuba firmó con los E.E.U.U. el 9 de septiembre. Pero es dudoso que incluso 20.000 visas serán bastantes para los que quisieran irse, particularmente si Fidel Castro contrae su voto que los refugiados cubanos no quieren más tiempo que se admita automáticamente en los Estados Unidos. Y con el mecanismo político-contra el gobierno y la fe de algunos revolucionarios que erosionan, la pregunta está quizás si no habrá más chispa, pero qué puede ser que enciendan.

En mediado de-todo los que ha sido gran cantidad enriquecido los nuevos placeres del alimento y su música latina caliente.

Además, es pertinente decir que: !Todos los exiliados nos hemos quedado con heridas abierta en nuestros corazones pero algún día serán cerradas...¡

Un cierto día, quizás en un futuro no muy distante, el cubano estará otra vez libre del yugo de la operación el comunismo que habrá caído y las palabras "fricción de Cuba que vendrá Libre" (Cuba estará libre) verdad y los rezos de los que la arriesgaron todos se han contestado. Quizás.

Bueno, hablando de libertad, la libertad Americana es muy contagiosa quien de verdad sepa intenderla y vivirla, es muy hermoso der libre-. "Ser culto es la única razón de ser libre" como dijo nuestro Comandante Rebelde Ernesto (Ché) Guevara. También, nuestro apostol José Martí mencionó en uno de sus versos que, "el que ama a la libertad se ama sí mismo".

Pues, ¡algún día no muy lejano, todos unidos gritaremos que Cuba está libre de toda persecusión!

Pertinentemente, ¿cuántos más éxodos habrán? ¿cuántas de nuestra buena gente serán ahogados, devorados por los cólmillos de ese Pez feroz el "Tiburón Sangriento"? Que siempre estará al acecho esperando como una presa fresca para devorarlos, parecido al peor fantasma (marino) de todos los tiempos.

Los cubanos han salido huyendo de su propio país. Todos por no ser atrapados por las garras de esa bandada de buitrés (aves de rapiñas)-marxistas, y no querer vivir ni estar bajo tiranía del poder ardiente del régimen de los Castros-comunistas. Socialistas actuando y manipulando a todos, parecidos a las rientes manada manchadas Hienas-leninistas, destruyendo a sus propias crías, como han solido ser, todos ellos por más de cinco décadas con su socialismo.

Finalmente, ya han pasado más de 50 años, desde que esta manada de leones feroces, comenzaron su odisea democrática comunista socialista marxixta-leninista con la rienda de Cuba y sus habitantes, y sin ningún pesar. Y ¿qué más fuerza podría suceder allí, si todos ellos continuarán con su poder…? Sólo me resta decir, me lamento por toda mi familia, todos mis compatriotas. Seguro, orarle al Gran Poder de la Divina Providencia, pueda que los principales cabecillas comunistas tengan que clausurar la derivada parlamentaria monarquía del Partido Comunista, que actualmente tienen en Cuba y apesadumbradamente, continúan lastimando a todos sus habitantes y al resto del esmiferio.

Ciertamente, el Comunismo de Cuba es idiológicamente una doctrina muerta, que nunca podrá salir adelante de sus males. Y su Socialismo es la filosofía del fracaso, el credo a la ignorancia y la prediga de la envidia, su defecto inherente es la distribución igualitaria de la miseria. Lo preocupante no es la perversidad de los malos sino la indiferencia de muchos que se creen buenos.

Hermanos, en general, efusivamente le didico esta letra: <u>Una Breve Historia de Cuba</u>, especialmente para todos los lectores de **Literatura**

no Novelesca o cualesquiera-, espero que puedan interpretar "la Historia".

Esto se llama: "¡El Fin que Ganas! o ¡El Fin que Pierdes!"

EL FIN